책임지는 기쁨

책임지는 기쁨

김리현 지음

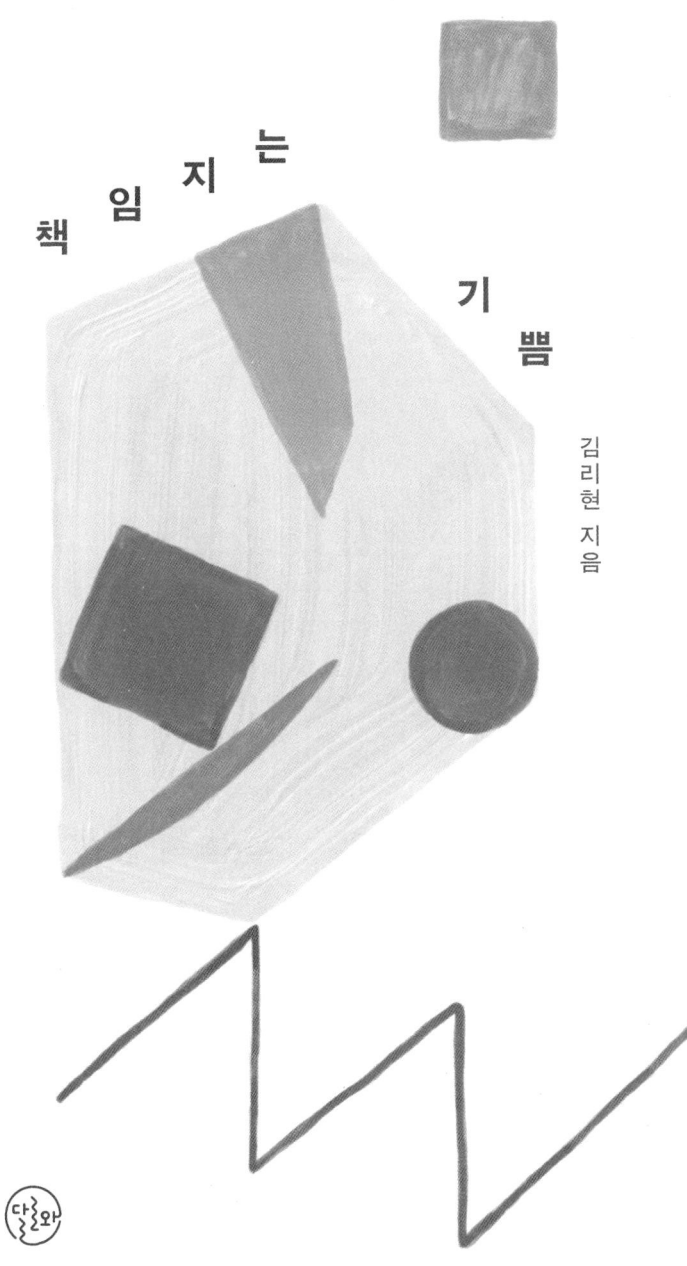

영원을 남기고 간 깜이에게

야생동물구조센터 약도

실내

X-ray	진료실	소형조류장	계류현황판	실내계류장 112		먹이 준비실
수술실	집중치료실 (ICU)		복도	복도		
				113	114	세척실
복도				중형조류계류공간		
사무실		CCTV	휴식공간	임상 병리실		

야외

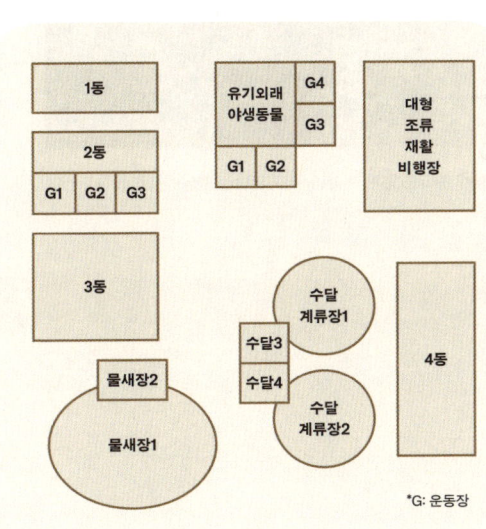

농수로에 고립된 고라니 구조 현장 ⓒ충남야생동물구조센터

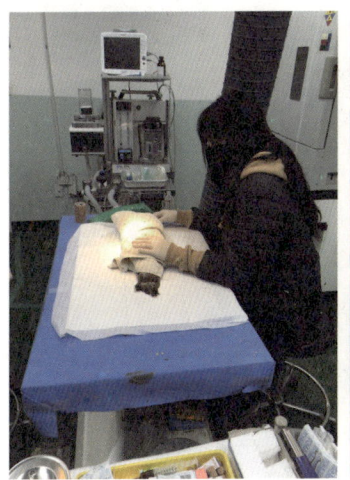
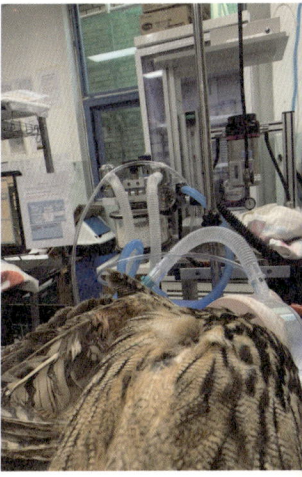

ⓒ충남야생동물구조센터

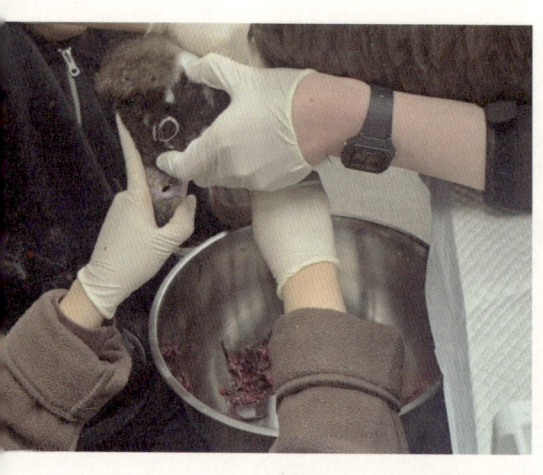
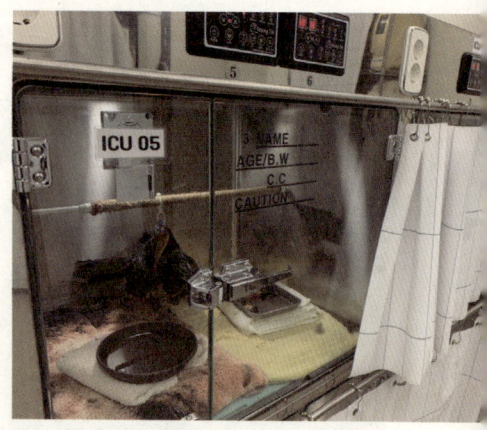

ⓒ충남야생동물구조센터

ⓒ충남야생동물구조센터

목차

1. 야생동물구조센터입니다

야생동물재활관리사 16

어떤 동물을 구조하나요? 23

야생동물이랑 놀 수 있나요? 28

다시금 살도록 도와주는 일 36

2. 오전 업무

매일 아침 44

어떤 동물을 가장 좋아하세요? 51

고장 났다 56

정신과 시간의 방 62

3. 오후 업무

무뎌질 수밖에 없는 이유 70

실제로 일어나는 일 75

너무나 쉽게 이야기되는 생과 사 81

나도 사람인지라 87

스포츠 경기에 나간다면 94

4. 야근

돌봄에는 끝이 없다 ······ 102

답이 없는 난제 ······ 108

교육과 홍보의 중요성 ······ 117

퇴근하겠습니다 ······ 123

퇴근 실패 ······ 128

5. 퇴근

도와주세요! ······ 136

퇴근하면 뭐 하지? ······ 141

직업병 ······ 146

퇴근하고 만난 동물들 ······ 151

또다시 출근 ······ 156

6. 그럼에도 불구하고

그럼에도 불구하고, 할 수 있는 일이 뭘까? ······ 164

그럼에도 불구하고, 하지 못하는 일도 있어요 ······ 169

그럼에도 불구하고, 너무 좋아 ······ 175

그럼에도 불구하고, 포기하고 싶어 ······ 182

그럼에도 불구하고, 멈출 수 없어 ······ 187

1. 야생동물구조센터입니다

야생동물재활관리사

"미래에는 무슨 일을 하고 있을까?" 앞날에 대한 걱정이 가장 많은 고등학교 시절, 나 역시 진로를 고민하고 있었다. 일을 할 거면 좋아하는 것을 직업으로 삼고 싶었고, 동물을 좋아했기에 관련된 직업을 갖겠다고 막연히 다짐했다.

동물을 좋아하게 된 이유는 딱히 없다. 태어나고 인지 능력이 어느 정도 갖춰질 무렵 동물만 보면 그냥 좋았다. 아침잠이 많은 아이였지만 주말 아침이 되면 동물 프로그램을 보기 위해 눈을 번쩍 떴고, 프로그램이 끝나고 예고편이 나오면 다음 주 본편을 볼 생각에 일주일 동안 설렜으니 말 다했다.

동물이 좋아 강아지 '깜이'도 돌보게 되었다. 태어난 지 얼마 되지 않았을 때 버려질 처지에 놓였던 깜이는 나를 만나게 되었고, 이제는 내가 꿈을 고민했던 나이, 18살의 할머니 개가 되었다. 한 살 두 살 나이 들어가는 깜이를 돌보며 동물이 주는 행복을 알게 되었고, 그 덕분에 대가 없이 기쁨을 주는 생명체를 위해 일하고 싶다는 생각을 하게 되었다. 깜이와 지내는 시간이 쌓이면서 진로에 대한 나의 생각은 더욱 확고해졌다.

사실 동물을 이뻐하고 좋아하기만 했지, 잘 알지 못했다. 내가 고등학교를 다닐 때만 해도 문과와 이과가 나뉘어 있었고, 그중에서도 문과를 택해 생명과학이 아닌, 세계지리를 공부했다. 그러다 보니 대학교에서 배우는 해부학, 생리학은 나에게 너무 생소했다. 학업에 흥미를 느끼지 못한 나는 자연스레 다른 곳으로 눈을 돌렸다.

새로운 사람을 만나는 것을 좋아하고, 마냥 해맑던 20대 초반에 본격적으로 대외활동을 시작했다. 동물원 봉사, 대학 연합 탐조 동아리, 환경단체 서포터즈 등 동물 관련된 다양한 활동을 하다 보니 내가 아는 것은 아는 게 아니라는 걸 깨달았다.

다양한 대외활동 중에서 특히나 깨달음을 준 건 야생동물구조센터 활동이었다. 동물은 반려동물만 있는 것이 아니고, 해외에 있는 사자나 코끼리만이 야생동물이 아니었다. 나와 가까이 함께, 이 지구를 빌려 살고 있는 우리나라의 다양한 동물도 야생동물이라는 것을 알게 되었다.

그런 야생동물이 사람으로 인해 피해를 입고 있다는 사실이 안타까워 야생동물구조센터 봉사를 시작했다. 처음에는 그저 흥미로웠다. 가까이에서 동물을, 그것도 매나 독수리 같은 멋진 동물을 보면서 봉사할 수 있다는 것이 너무나 행복했다. 물론 봉사활동은 엄청 힘들었다. 좁은 공간에서 야생동물의 똥을 치우고, 끊임없이 설거지와 빨래를 했다. 일은 해도 해도 끝이 없었고, 여름에는 무더위로 인한 탈수 증상까지 와서 죽을 뻔하기도 했다. 그래도 직접 청소한 계류장(다치거나 조난당한 야생동물이 회복하는 동안 머무르는 인위적인 공간)에서 동물이 쉬고, 내가 설거지한 그릇에 동물의 밥을 담아주고, 내가 빨래한 이불로 동물이 쉴 수 있도록 푹신한 바닥을 만들어주다니 스스로가 너무 기특했고, 봉사활동을 그만둘 수 없었다.

  봉사를 하며 정신없던 와중에 차량에 충돌한 고라니가 구조되었다. 이전에도 몇 번 차량에 충돌한 고라니를 센터에서 보았지만, 그날따라 이상하게 청소를 하고도 시간이 남아 고라니를 진료하는 모습을 가까이서 볼 수 있었다. 생명의 불이 꺼져가는 모습을 본 것은 그때가 처음이었다. 항상 멋지고, 귀엽고, 사랑스러운 동물만을 보다가 발버둥 치고, 호흡이 거칠고, 귀가 아프게 울부짖는 동물을 마주하는 것은 생소한 경험이었다. 다들 바쁘게 움직이는데 나만 가만히 서 있었다. 마취한 채 방사선을 찍고 돌아온 고라니에게 안락사 판단이 내려졌다. 고라니의 숨이 멎는 것은 순식간이었다. 조금 전까지 귀가 아프게 울던 고라니의 울음소리가 사라지고, 고라니의 멈춘 심장 소리를 청진기로 확인하는 수의사 선생님의 한숨만 들려왔다. 그때부터 다른 마음가짐으로 봉사를 시작했던 것 같다.

 나의 만족을 채우기 위한 봉사가 아닌, 진정으로 이들을 위한 봉사를 시작했다. 매번 시키는 일만 수동적으로 해왔지만, 능동적으로 지금 센터에 계류하고 있는 동물들에게 도움이 될 만한 일들을 찾기 시작했다. 이 과정에서 정말 많은 선생님이 도움을 주셨다. 하고 싶은 일을 물어보면 직접 하게 해주시고, 야생동물에 대해 많이 모르는 나에게 끊임없이 질문 공세를 하며 스스로 공부하는 방법을 알려주셨다. 온몸이 찢겨 들어오는 멧비둘기, 입에 피가 가득 찬 황조롱이를 도와주고 싶었고, 이렇게 아픈 친구들을 묵묵히 치료하고 돌보는 선생님들을 보며 나도 이런 사람이 되고 싶다고 생각했다.

 문과였기에 선택과목으로 한국지리, 세계지리를 공부했다. 국영수보다도 지리를 좋아했고 수업도 너무 재미있었다. 특히 세계지리 선생님을 좋아해 영향을 많이 받았는데, 항상 수업시간 선생님의 여행 이야기를 들으며 세계여행을 꿈꿨다. 욕심이 많아 세계여행과 야생동물재활관리사라는 목표를 다 이루고 싶었기에, 세계여행을 하며 전 세계의 동물을 만나고 해외 야생동물센터를 보고 와야겠다는 계획을 세웠다.

그렇게 휴학을 하고 열심히 돈을 모아 여행길에 올랐다. 시작은 러시아 블라디보스토크의 시베리아 횡단철도였다. 시베리아 횡단철도를 타고 모스크바에서 내린 뒤 유럽 크로아티아에 갔다. 그곳에서 플리트비체 국립공원을 방문해 자연경관 속에서 야생동물을 찾았다. 더불어 독일 동물원에 가서 동물이 전시되는 공간의 환경을 살펴봤고, 몰타에서 한 달간 어학연수를 하면서 봉사할 다른 나라 야생동물 센터를 물색했다.

이집트에서는 프리다이빙과 스쿠버다이빙 자격증을 취득해 바다를 탐험하며 해양 동물을 탐색했고, 케냐에서는 세렝게티를 몸소 느끼며 다큐멘터리에서나 봤던 야생동물과 자연을 만끽했다. 정말

고된 여행이었다. 인도 판공초에서는 고산병으로 힘든 와중에도 동물을 보겠다고 '대포 카메라'를 들고 히말라야 마멋 사진을 찍었고, 데이터가 잘 터지지 않는 인도의 허름한 숙소에서 야생동물 센터와 화상 면접을 하고 떨어지는 아픔도 겪었다.

하지만 계속 두드리면 열리는 것처럼 뉴질랜드의 한 야생동물 센터에서 봉사를 허락받아 미얀마에서 바로 뉴질랜드로 넘어갔다. 그렇게 6주간 뉴질랜드 야생동물 센터에서 봉사하면서 해외 센터에서는 동물을 어떤 식으로 관리하는지도 배우게 되었다. 다양한 경험을 얻으면 얻을수록 야생동물재활관리사가 되고 싶다는 마음도 커져갔다. 여행이 끝나고 한국으로 돌아오자마자 야생동물구조센터로 향했다. 여행을 통해 쌓은 배움과 경험은 목표에 다가갈 힘을 주었고, 덕분에 그토록 원하던 야생동물재활관리사가 되었다. 이제 다 된 줄 알았고, 잘할 줄 알았다.

어떤 동물을 구조하나요?

"야생동물구조센터죠? 여기 고양이가 다쳤는데…."

 오늘도 어김없이 고양이 구조 요청 연락이 왔다. 고양이, 개 구조 요청 연락은 하루에 한 번 이상 받는 것 같다. 고양이가 눈을 많이 다쳐서 빨리 구조하러 와달라고 하는데, 매우 안타까운 상황이지만 고양이를 구조하러 갈 수 없다.

 야생동물구조센터는 야생생물로 분류되는 동물만을 구조하는 기관이다. 야생생물 보호 및 관리에 따른 법률에 '야생생물'이란 산, 들 또는 강 등 자연 상태에서 서식하거나 자생하는 동물 종을 말한다.

야생동물은 환경부에서 관리하지만, 개와 고양이는 농림부에서 관리하며 법적으로 반려동물 혹은 가축으로 분류되어 있다. 더불어 야생동물을 구조하고 치료하는 기관으로서 야생동물이 아닌 다른 동물을 구조하게 된다면 야생동물과 다른 동물 간의 질병 감염 및 전파 위험이 높기 때문에 구조가 불가능하다. 하지만 현대인에게는 한 지붕 아래서 같이 사는 반려동물이 너무 익숙해진 탓인지 야생동물과 반려동물을 혼동하는 경우가 많다.

세상에는 굉장히 다양한 동물이 있다. 그중 야생동물은 야생에서 살아가는 동물을 말한다. 사자, 기린, 코끼리, 코뿔소 등 저 멀리 아프리카 세렝게티에 살아가고 있는 동물도 야생동물이고 황조롱이, 고라니, 너구리, 오소리 등 대한민국 한반도에 살아가고 있는 동물도 야생동물이다. 하지만 아프리카 세렝게티에 살아가고 있는 동물이 우리나라에 온다면 외래야생동물이 되고, 대한민국 한반도에 살아가고 있는 동물이 아프리카 세렝게티에 가도 외래야생동물이 된다.

 다른 지역에 사는 동물이 갑작스럽게 우리나라에 온다면 어떻게 될까? 너무나 다른 기후, 환경으로 인해 삶을 연장하지 못하고 쉽게 폐사할 수도 있지만, 반대로 잘 적응해서 우리나라 야생동물에게 피해를 줄 수 있다. 우리나라에 식용, 상업용, 애완용 등으로 굉장히 다양한 외래야생동물이 유입되고 있다. 합법적으로 유입해서 잘 관리하면 우리나라 생태계에 문제가 일어날 가능성이 적지만, 불법적으로 유입하거나 잘 관리하지 못하고 외래야생동물이 유실·유기되어버리면 생태계 교란으로 인해 우리나라 고유종이 살기 어려워진다.

 '외래야생동물이 얼마나 유실·유기되겠어'라고 생각한다면 큰 오산이다. 개·고양이 구조 연락 다음으로 자주 오는 전화는 외래야생동물 구조 연락이다. 외래야생동물 구조 연락은 보통 "이게 무슨 동물인지 알 수 있을까요?"라고 연락이 많이 온다. 어떤 사람은 거북이 사진을 보여주고 "이게 무슨 동물인가요?"라고 연락했다. 사진을 보니 외래종인 붉은귀거북이었다. 붉은귀거북이 무슨 일인지 귀갑이 깨져 피가 나 있었다. 신고자는 붉은귀거북의 치료가 필요해 보여서 야생동물구조센터로 구조 연락을 줬지만, 외래야생동물에게도 어떠한 질병의 매개체가 있을지 확인할 수가 없기에 혹시라도 있을 질병 전파·감염의 위험으로 붉은귀거북을 구조하지 못했다.

개, 고양이, 뱀, 거북이 등 가리지 않고 모든 동물을 애정하는 나로서는 이러한 구조 전화가 너무 힘들다. 문자로 다친 동물의 사진을 받게 되면 안타까움에 탄식이 절로 나온다. 마음 같아서는 바로 가서 구조하고 빠르게 치료받을 수 있게 도와주고 싶지만, 현실적으로 불가능한 일이기에 호흡을 가다듬고 신고자에게 구조가 불가능하다고 연락을 드린다. 신고가 어렵다고 말씀을 드리면 대답이 두 가지로 나뉜다.

현실을 빠르게 받아들이고 가능한 다른 기관을 문의하는 것이 첫 번째 반응이다. 그러면 신고자에게 관련 기관 연락처 등 다른 방법을 알려드리며 그 동물이 최대한 빨리 구조될 수 있도록 적극적으로 협조한다.

두 번째 반응은 구조가 불가능하다는 나에게 책임감을 들먹이며 불가능한 구조를 어떻게든 하라고 분노하는 것이다. 이런 분노를 정통으로 맞을 때면 억울하기도 했지만, 이제는 그 신고자가 보고 있는 동물에 대한 안타까움이 더 강하게 다가올 뿐이다. 이런 입씨름으로 인해 가장 피해를 보고 있는 건 구조를 기다리고 있는 동물이기 때문이다.

야생동물이랑 놀 수 있나요?

유튜브를 보는데, 알고리즘에 일반 가정에서 까치와 참새를 키우는 영상이 떴다. 동물 관련된 영상을 많이 보다 보니 이제는 이런 영상이 뜨는 모양이다. 말없이 '관심 없음'을 누르고 내 알고리즘에 그런 영상이 뜨지 않게 만들었다.

여느 때와 다름없이 열심히 일하고 있었다. 밀려드는 새끼 동물 구조에 계류장이 모자랄 정도로 바쁜 날이었다. 그날도 출근하자마자 홀린 듯이 고라니 분유를 타고, 물티슈에 따뜻한 물을 적셔 새끼 고라니가 계류하고 있는 곳으로 갔다. 여름이라 힘들어서 면역력이 많이 떨어졌는지, 고라니 알러지가 유달리 더 심해져 마스크로 흐르는 콧물을 애써 감추며 아직 스스로 오줌이나 똥을 배출할 수 없는 새끼 고라니의 배변 유도를 시작했다. 주체할 수 없이 흐르는 콧물, 멈추지 않는 재채기에 괴로웠던 나는 괜히 잘못도 없는 새끼 고라니들에게 여기 왜 들어왔냐고 구시렁거렸다. 고라니 엉덩이를 살살 두드리며 원활한 배변 활동을 유도하고 있는데 진료실에서 웅성거리는 소리가 들렸다. 마침 고라니가 분유 한 통을 다 비워, 새롭게 분유를 타면서 무슨 일인지 확인했다. 괜히 확인했다. 여기서 새끼 고라니가 더 들어온다는 절망적인 이야기를 들었기 때문이다.

고라니는 한곳에서 새끼 여러 마리를 돌보지 않는다. 새끼 고라니는 태어난 지 얼마 되지 않아도 걸어다닐 수 있는 데다가, 어미 고라니가 먹이활동 하러 새끼를 안전하다고 판단되는 곳에 숨겨놓고 다니기 때문이다. 그러다 보니 어미 없이 혼자 있는 새끼 고라니를 종종 발견할 때가 있을 것이다.

고라니를 잘 모르는 사람이라면 어미 없이 홀로 떨어져 있는 새끼 고라니를 보고 안쓰러운 마음에 집으로 데려갈 수 있다. 그렇게 사람이 데려다 키운 고라니는 높은 확률로 다시 야생동물구조센터에 인계된다. 새끼 고라니를 키우면서 신체적 문제가 생겼거나, 더 이상 집안을 어지럽히는 고라니를 돌볼 수 없거나, 감당할 수 없을 만큼 커져서 키우는 것을 포기하기 때문이다.

이번에 센터로 오는 고라니도 일반인이 사육을 포기하고 구조된 개체였다. 총 2개체가 구조되었는데, 한 마리는 외상이나 다른 문제가 없었지만, 나머지 한 마리는 다리에 문제가 생겨 있었다. 같은 연령의 고라니보다 활력이 떨어져 있는 상황이었다. 더군다나 태어난 지 얼마 되지 않은 상황에서 사람과 함께 살았다 보니, 사람을 보고도 경계하지 않았다.

보통 가정집에서 고라니를 사육하면 미끄러운

바닥으로 인해 다리에 문제가 생겨 구조되는 경우가 많다. 고라니는 하루에 많은 시간을 먹이활동으로 보낸다. 뿌리식물을 먹기도 하기에, 그 과정에서 흙을 먹을 수 있다. 고라니마다 선호하는 풀의 종류, 풀의 부위도 다르기에 적절한 먹이를 제공해줘야 한다. 하지만 일반 가정에서 고라니에게 적절한 환경, 먹이를 제공해주기엔 무리가 있다. 그렇게 잘못된 사육 속에서 성장한 고라니는 골격계의 문제, 소화 및 배변의 문제가 생기기도 한다. 사람의 잘못된 사육으로 구조되는 것에 그치면 다행이다.

더 심각한 점은 이런 잘못된 사육이 전국적으로 방송된다는 것이다. 일반 가정에서 새끼 고라니를 키우는 모습, 고라니와 사람이 교감하면서 서로 잘 살고 있는 모습이 전국으로 송출되었다.

영상에서는 고라니의 귀여운 모습, 사람과 야생동물이 가정집에서 평화롭게 같이 살아가는 모습이 강조되었고, 고라니가 잘못된 방식으로 사육되고 있는 점, 결국엔 사람이 책임지지 못하고 야생동물구조센터로 오게 된 점은 방송하지 않았다. 이런 방송을 접한 시청자가 나중에 산에서 어린 고라니를 마주쳤다면, 과연 무슨 행동을 취할까?

이 외에도, 일반인이 우리나라 자생 야생동물을 사육하는 영상이 SNS를 통해서 많이 소개되고 있다. 간혹 영상 속 야생동물이 외적으로 심각한 문제를 갖고 있는 모습이 보인다. 겉으로는 야생동물과 사람이 살 소통하고, 교감하는 모습을 보여주고 있지만, 직업 때문인지 잘못된 부분들이 유달리 도드라져 보인다.

하지만 대부분 야생동물이 겪고 있는 아픔은 알아채지 못하고, 단순히 귀여운 야생동물과 사람이 같이 교감하는 모습을 동경하며 "키우고 싶다"라고 생각한다. 이제는 모두가 손쉽게 정보를 찾아볼 수 있기에 옳지 못한 정보도 손쉽게 접할 수 있다.

과연 우리는 그 속에서 올바른 정보를 찾을 수 있는 능력을 갖고 있는가? 야생동물과 사람이 함께 놀고 있는 모습이 과연 바람직한 모습일까? 야생동물이 자연에서 어떻게 살아가고 있고, 어떤 생태적 특성을 갖고 있는지 안다면 바람직하다고 절대로 볼 수 없을 것이다.

 심지어 영상을 본 사람들 중 일부는 교감이 잘되는 야생동물과 함께 놀 수 있을 것이라고 생각한다. 개과 동물인 너구리는 마치 강아지와 같고, 고양이과인 삵은 마치 고양이와 같을 것이라고 생각한다. 물론 비슷한 부분도 있다.

 하지만 사람과 함께 놀 수 없다는 점이 다르다. 너구리는 굉장히 겁이 많다. 사람이 다가오면 숨어 버리거나, 궁지에 몰리면 두려움을 이기지 못하고 물려고 한다. 나아가 너구리는 진료를 보기 위해 몸을 보정하면 배변, 배뇨를 한다. 심한 개체는 일반적인 변을 보다 못해 굉장히 무른 변, 거의 설사를 하는 지경에 이르기도 한다.

 삵도 별반 다르지 않다. 사람이 다가가면 일단 도망을 가버리고, 몸에 손이라도 대려고 하면 바로 하악질을 하며 점프해 달려든다. 너구리와 삵을 돌보면서 피를 본 적이 한두 번이 아니다.

"새끼 때부터 돌보면 괜찮지 않을까?"

말도 안 된다. 어미가 있는 야생동물을 데려오는 것은 납치이며, 자연에서 살아갈 수 있었던 야생동물의 자유로운 삶을 인간의 마음대로 20~30평 남짓한 가정집에 억압하는 것이다. 넓은 마당이 있다고 하더라도 원래는 산을 전부, 아니 산맥을 통째로 사용했는데, 이런 야생동물의 행동권을 어떻게 충족해주려고 함부로 데려오는 것인가. 야생동물은 야생동물이다. 자연에서 살아가며 거기서 가족을 꾸리고, 먹고 싶은 먹이를 사냥하고, 자고 싶을 때 미리 봐둔 안정적인 장소에서 잠을 자는 것이 이들의 자유다.

야생동물과 놀고 싶다면, 이들의 자유를 없애버리는 방법 대신 이들이 살아가고 있는 터전에, 자연에 잠시 놀러 가는 것은 어떨까? 탐조나 야생동물의 흔적을 찾는 것으로 대신하는 것이다. '우리 집에 야생동물이 사는 것'이 아닌, '우리 집 뒷산에 야생동물이 살고 있는 것'에 만족하는 것이다. 자연 속에 피어난 예쁜 꽃을 꺾으면 오래 살지 못하고 시들어버리는 것처럼, 야생동물도 자연에서 살아가지 못한다면 분명 시들어버릴 것이다.

다시금 살도록 도와주는 일

나의 하루 업무 일과는 출근해서 구조된 동물의 모든 정보(구조 원인, 성별, 다친 부위, 치료 일정, 먹이 종류, 먹이 잔량, 무게, 투약 기록 등)가 적혀 있는 일일사육기록표(계류하고 있는 동물의 모든 정보가 있는 기록표. 줄여서 일사라고 부른다.)를 보는 것으로 시작한다. 일사를 보면서 오늘 해야 할 일을 정리하고, 동물의 먹이를 준비하러 가거나, 처방된 약을 먹이거나, 계류장을 돌아다니며 부족한 부분들을 관리하고 동물을 돌본다.

그리고 그날 자연으로 돌아갈 수 있는 동물을 추리면서 방생 계획을 세운다. 추가적으로 계속 울리는 구조 연락을 받으며 구조 지역을 확인하고 도착 시간을 파악하여 신고자에게 연락한다. 그렇게 센터로 구조될 동물의 정보를 함께 일하고 있는 사람들에게 전달하여 동물이 오면 바로 치료받을 수 있게 준비한다. 구조되는 동물이 언제 올지 모르니 수의사 선생님을 도와 당일에 진료가 예정된 동물을 빠르게 치료할 수 있게 보정하고, 혹시라도 진료 후에 들어가야 하는 계류장이 더러우면 청소하여 안락한 공간에서 동물이 계류할 수 있도록 환경을 조성한다.

이와 동시에 구조 연락은 계속 오고, 구조 일손이 부족하면 내부에서 일하고 있는 야생동물재활관리사나 수의사 가리지 않고 다 동물을 구조하러 가기도 한다. 끝난 일은 없는데 시간은 빠르게 간다.

여전히 설거지와 빨래가 쌓여 있고, 함께 일하는 근로장학생이나 자원활동가들도 분주하게 움직인다. 야생동물이 다치지 않고 조난당하지 않으면, 일이 줄어들고 우리도 다른 직장인들처럼 제시간에 퇴근할 수 있을 텐데. 왜 야생동물은 자꾸 다치는 것일까?

 문명의 발달과 개발로 인해 야생동물의 터전인 자연이 점점 사라져가고 있다. 특히 우리나라는 한국전쟁 이후 굉장히 빠른 속도로 성장해온 만큼, 야생동물이 적응하기엔 더욱 척박한 나라이지 않았을까 싶다.
 산을 깎아 도로를 만들어 우리의 교통이 편해졌고, 높은 고층 건물을 짓고 투명한 유리로 외벽을 수놓은 덕에 적은 땅에 많은 인원이 아름다운 건물에 살 수 있게 되었고, 농작물 생산성을 높여 모두가 밥을 먹기 위해 해충을 방제하는 농약을 개발하였고, 여가를 즐기기 위해 사진 촬영 및 낚시 등 다양한 취미 생활을 하며 편리하고 행복한 하루를 보낼 수 있게 되었다. 그렇게 우리가 편리하고 행복한 하루를 보낼 때, 반면 야생동물의 삶은 불편하고 불행해지고 있었다.

너구리가 가족을 만나거나, 물을 마시러 가기 위해 매일 지나가던 곳에 도로가 생겨 차량 충돌 사고를 당하고, 하늘을 날고 있던 조류가 투명한 유리창을 보지 못하고 그대로 유리창에 충돌한다. 농업에 필요한 물을 저장하거나 옮기기 위한 농수로가 콘크리트로 넓고 깊게 만들어지면서 고라니가 그 안에 있는 물을 마시려다가 빠지고, 우리가 취미 생활을 즐기기 위해 야생동물을 찾아다니며 사진을 찍으면 야생동물이 사람을 피해 도망 다니다 체력을 소진해 불의의 사고를 당하기도 한다. 번식기에 새끼를 포기하게 되어 번식에 실패하기도 하고, 낚시를 즐긴 후 뒷정리를 제대로 하지 않고 자리를 뜨는 탓에 낚싯줄에 물새의 몸이 얽히거나, 낚싯바늘을 삼켜 먹이활동을 하지 못하고 기아로 죽는 야생동물이 점점 늘어나고 있다. 그렇게 매년, 결국 사람으로 인해 다치고 피해 입는 야생동물은 점점 증가하고 있다. 2024년도만 해도 약 2,800건의 야생동물 구조가 이루어졌다.

갑작스럽게 조난 및 사고를 당하면 우리는 119의

도움을 받는다. 구급차를 타고 병원에 도착하면 다친 몸을 치료받고 퇴원한다. 하지만 야생동물이 조난이나 사고를 당하면? 야생동물은 이럴 때 야생동물구조센터의 도움을 받는다. 야생동물구조센터는 조난이나 사고로 인해 다친 야생동물을 구조하고, 치료받은 야생동물을 돌보고, 회복한 야생동물을 다시 자연으로 돌려보내는 일을 한다.

야생동물은 사람으로 인해서 다치고, 피해 입는다. 현재 야생동물의 삶은 굉장히 힘든 상황에 놓여 있다. 모든 생명체가 지구에서 함께 살고 있지만, 나는 사람에게 삶의 터전을 빼앗겨버린 야생동물의 편에서 이 동물들이 다시금 살아갈 수 있는 환경을 만들기 위해 지지하고 도와주는 역할을 하고 있다.

2. 오전 업무

매일 아침
....

아침 여덟 시 반, 어김없이 알람이 울린다. 어제 야근의 여파로 눈이 떠지지 않아 손을 더듬거리며 알람을 껐다. 10분 뒤, 오늘 아침을 예상하고 전날에 추가로 맞춰둔 '이 시간에도 일어나지 못하면 너는 지각이다' 알람이 내 속도 모른 채 울린다. 다행히 집에서 센터까지의 거리는 차로 5분. 간단하게 양치랑 세수만 하고 출근길에 올랐다.

아슬아슬하게 아홉 시 딱 맞춰 사무실에 들어가니 나 빼고 모두가 출근해 있었다. 머쓱하게 인사하며 자리에 앉아 오늘은 무슨 일을 해야 하는지 알아보기 위해 얼굴에 선크림을 덕지덕지 바르며

일사를 확인하는데 뭔가 이상하다. 어제 구조된 너구리가 일사에 적혀 있지 않다. 일사를 분주하게 뒤적거리는 나를 보고 어제 나보다 더 늦게 퇴근한 선생님이 말했다.

"퇴근하기 전에 마지막으로 온 너구리 상태 확인하러 갔는데 폐사했더라고요. 폐사 처리해서 아마 일사에 안 적혀 있을 거예요."

분명 어제 치료 끝나고, 밥 먹는 모습까지 보고 집에 갔는데 폐사했다니. 혹시 다른 동물이 더 폐사하지는 않았는지 살펴보며 조마조마한 마음으로 일사를 마저 읽었다. 다행히 일사에 다른 오류는 더 없었다. 출근한 지 10분, 잠에서 깬 지 30분. 일어난 지 얼마 되지 않았지만 나를 괴롭히던 졸음이 말끔히 사라졌다.

아침에 출근하면 가장 먼저 일사에 오늘의 할 일을 표시한다. 마취해야 하는 동물, 체중을 확인해야 하는 동물, 강제로 먹이를 제공해야 하는 동물 등을 형광펜으로 표시하고 나면, 밋밋하던 일사가 단시간에 화려해진다. 일사가 화려할수록 해야 할 일이 많다는 뜻이다. 무지막지하게 많은 업무량을 살펴본 다음, 센터의 모든 계류장을 한 바퀴 돌아본다. 밥을 다 먹었는지, 편식하지 않았는지, 어제 제공한 횃대를 사용하는지, 횃대 높이는 괜찮은지, 포대가 찢어졌거나 물에 젖지는 않았는지, 기립을 못 하던 개체가 일어나 있는지 등 계류장마다 부족하거나 과도한 부분이 없는지 파악하며 동물의 상태를 확인한다. 오늘도 어김없이 '이 개체한테는 횃대가 너무 높네', '아휴, 물을 너무 많이 줘서 포대가 젖었네…'등을 생각하며 환경 조성을 바꿔야 하는 동물을 파악하고 있는데, 같이 일하는 근로장학생이 갑자기 나를 불렀다.

"선생님…."

말끝을 흐리는데 느낌이 좋지 않다. 나에게 말을

건 학생의 시선을 따라가 보니 계류장 내에 있는 큰덤불해오라기가 움직이질 않았다. 급하게 큰덤불해오라기의 몸을 움직여 보았지만, 이미 딱딱하게 굳어 있었다. 충돌로 구조된 큰덤불해오라기는 구조 당시에도 스스로 다리를 사용해 일어설 수 없었다. 구조된 지 2일째 되는 어제도 다리를 사용하지 못해서 슬링(동물의 몸을 인위적으로 들어 올리는 장치)을 해줘야 하나 고민하고 있었는데, 결국 버티지 못하고 밤사이에 갑작스럽게 폐사했다. 큰덤불해오라기를 폐사 처리하고 다시 계류장을 돌아보러 갔다. 오늘 아침에만 두 번째였다.

무거운 마음으로 야외 계류장에 향했다. 햇볕이 너무 뜨거워 아침에 선크림을 바르길 잘했다고 생각하자마자 땀 때문에 선크림이 지워졌다. 이럴 거면 왜 발랐는지, 매번 땀에 지워지지 않는 선크림을 산다고 해놓고 까먹는다.

선크림이 눈에 들어간 탓에 눈물을 흘리며 야외 계류장을 확인하는데, 바닥에 어제는 없던 빨간색 자국이 보였다. 잘못 본 것 같아 눈을 비벼봤지만,

빨간색 자국은 사라지지 않았다. 한숨을 쉬며 자세히 보니 역시나 피였다. 더불어 주변에는 거즈와 솜이 사막의 회전초처럼 나뒹굴고 있어 불안함을 뒤로한 채 은신처를 하나하나 들추어 보며 숨어 있는 너구리를 찾았다. 마지막 은신처를 들추니 웅크려 있는 너구리를 볼 수 있었다.

욕창 때문에 해주었던 포대가 다 뜯어져 있었다. 그 탓에 상처가 벌어지며 곳곳에 핏방울이 떨어진 모양이었다. 이마를 짚으며 이 아찔한 상황을 담당 수의사 선생님께 전달하러 갔다. 너구리의 만행을 들은 수의사 선생님은 나와 같이 이마를 짚으며 진료 예정이 없던 너구리를 진료 대기에 추가했다.

"오늘도 야근 확정이시네요!"

수의사 선생님께 농담하며 분위기를 풀어보려고 했지만, 아무래도 예민한 부분을 건드린 것 같아 재빨리 자리를 피했다.

아침이면 오늘처럼 동물의 상태를 확인한다. 매

일 한 마리 이상의 폐사한 동물을 마주한다는 것이다. 그것도 어제 내가 보살피던 동물의 죽음을. 그때마다 가장 먼저 나를 자책하게 된다. '어제 상태가 좋지 않아서 금식했는데, 혹시 내가 먹이를 주지 않아서 폐사했나?' '어제 기력이 너무 없어서 의료식을 강제로 급여했는데, 그게 부담되어서 폐사했나?' 같은 상황을 되풀이하지 않기 위해 끊임없이 고민하는 것이지만, 과도한 자책은 내가 했던 모든 행동이 다 잘못된 탓에, 동물이 죽은 이유가 나 때문이라고 생각하게끔 만드는 부작용이 있다.

더불어 매일 아침 동물의 상태를 확인하다 보면 자연스럽게 오늘 해야 하는 일이 추가로 늘어난다. 너구리 진료처럼 예정에 없던 일이 추가되면 오늘 업무에 지장을 주기 때문에, 출근한 지 한 시간 만에 야근이 확정된다. 일주일에 하루이틀 야근하는 거면 괜찮겠지만, 무서운 점은 이런 일이 비일비재하다는 것이다.

자책과 야근의 압박에 매일 시달리는 직장에서 어떻게 버티면서 일하는지 이해하지 못하는 사람도 있을 것이다. 하지만 오래갈 것 같은 이 부정적인 감정은 의외로 한순간에 사라지기도 한다. 바로 누군가의 외침 덕분에 말이다. 마치 옛날 옛적 거리에서 "호외요! 호외!"라고 소리치는 사람처럼 누군가 센터에서 다음과 같이 외치는 순간, 아침에 힘들었던 시간이 기쁨으로 바뀌어 차오른다.

"일주일 동안 못 일어나던 황조롱이가 이제 일어나서 횃대 위에도 앉아 있고, 밥도 스스로 먹어요! 대박이죠?"

어떤 동물을 가장 좋아하세요?

나는 아주 속물적인 사람이라 멋지고 잘생긴 동물을 좋아했다. 그렇기에 야생동물 중에서도 카리스마 있는 동물을 유달리 좋아했다. 몸집이 크고 부리가 큰 검독수리나 참수리, 엄청나게 빠른 속도로 비행하는 매 등 가끔 탐조를 나가면 작고 귀여운 야생동물보다는 크고 멋진 야생동물을 찾아다녔다. 같이 차를 타고 탐조하는 일행이 "어?!" 하고 야생동물을 발견한 신호를 주어도, 막상 흔하게 볼 수 있는 동물이라면 사람 심장 떨어지게 하지 말라면서 장난으로 타박을 주기도 했다. 지금 생각해보니 정말 지독한 '종 차별주의자'였다. 모든 생명은 각자의 방식으로 열심히, 치열하게 삶을 살아가고 있는데 그것을 몰라봤던 과거의 내가 밉다.

 야생동물구조센터에서 가장 많이 하는 일은 야생동물에게 먹이를 챙겨주는 것이다. 나는 야생동물재활관리사이지만, 동시에 야생동물을 위한 요리사이기도 하다. 동물 종마다 먹는 먹이가 다르다.
 육류, 곤충, 과일, 곡류 등과 아무거나 다 잘 먹는 잡식성 동물에게는 먹을 수 있는 것을 전부 제공해주고 있다. 더불어 동물의 체중에 맞게 먹이의 양을 다르게 주고, 동물의 상태에 따라서 먹이의 형태를 다르게 줘야 한다. 평균보다 체중이 낮은 동물에게 한 번에 많은 양의 먹이를 주면 탈이 날 수 있으니 소량을 여러 번 제공하거나, 상태가 매우 좋지 않거나, 수술한 동물이 있다면 고형의 먹이가 아닌 유동식을 제공하기도 한다. 필요에 따라서는 강제로 먹이를 급여한다.
 이렇게 열심히 종별로 선호하는 먹이를 찾아 주

거나, 개체별 상태에 맞는 먹이 종류와 양을 맞춰 주어도 먹이를 입에 대지도 않고, 강제로 먹이를 급여해도 바로 토해버리는 동물이 있다.

아무래도 자연 속에서 살던 야생동물이기에 계류장은 원래 살던 서식지가 아니고, 포식자인 사람이 가득한 낯선 공간이라 먹이를 먹지 않기도 한다. 그러면 먹이를 다리에 달아준다. 그러면 다리가 불편해서라도 어쩔 수 없이 먹이를 맛보게 된다. 운 좋게 맛있어 한다면, 그 뒤로 스스로 먹이를 먹기도 하기 때문이다.

살아 있는 먹이만 먹는 동물도 있다. 하지만 내가 근무하고 있는 야생동물구조센터에서는 살아 있는 먹이를 최소한으로 제공하고 있다. 먹는 먹이 또한 동물이기 때문이다. 살아 있는 먹이만 먹는 동물은 움직임에 흥미를 갖는 경우가 있어, 먹이를 주기 전 천장에 매달아주는 등, 먹이에 움직임을 줄 수 있는 방법을 먼저 시행해본다. 계류하고 있는 동물이 먹이를 먹지 않는다면 먹을 수 있도록 가능한 모든 방법을 다 동원한다.

안 먹는 동물은 죽을 때까지 먹지 않는다. 보통 이런 동물은 심각하게 아픈 상태인 경우가 많다. 스스로 고개를 들 수 없는 동물, 숨을 잘 쉬지 못하는 동물 등 상태가 좋지 않으면 먹이를 먹지 않는다. 간혹 멀쩡해 보이는데 먹이를 먹지 않는 동물도 있다. 하지만 속으면 안 된다. 야생동물은 약점을 드러내면 곧 포식자의 표적이 되기 때문에 최대한 아픈 곳을 숨긴다. 밥을 먹지 않는다면 내·외부적으로 보이지 않는 부분에 문제가 생겼을 가능성이 높기에, 항상 동물이 밥을 잘 먹는지, 무엇을 남기고 잔량이 얼마나 되는지 확인하며 주도면밀하게 관찰한다.

야생동물구조센터에서 일하면 의도치 않게 굉장히 다양한 종을 마주한다. 오랜 시간 야생동물을 돌보면서 다양한 동물 모두 다 각자의 개성과 매력을 갖고 있다는 것을 알게 되었다. 야생동물재활관리사가 되기 전에는 야생동물의 외적인 부분만을 갖고 평가했는데, 이제는 외적인 부분을 평가할 수가 없게 되어버렸다. 야생동물을 돌보면서 개체별 행동, 특성, 종 고유의 성향 등을 파악하는 습관이 들어 이들의 전체적인 매력을 알아버렸기 때문이다. 그래서 이제는 어떤 동물이 좋냐고 묻는다면, 밥 잘 먹는 동물이 좋다고 대답한다. 밥을 잘 먹으면 잘 회복하고 있다는 뜻이니까! 밥을 먹이기 위해 고생하지 않아도 되고, 차려주기만 하면 되니까! 밥 잘 먹는 동물이 내 눈에 가장 이뻐 보인다.

고장 났다

누군가 계류장에 있는 수리부엉이를 나에게 데리고 왔다.

"선생님, 이 개체 깃이 많이 상했는데요."

자극에 예민하다 보니 계류장 벽면에 깃이 쓸려 끝부분이 상하고, 심한 곳은 이미 깃대가 부러져 있었다. 곧 있으면 방생이 가능할 것 같았는데, 이렇게 깃이 상해버리면 비행에 지장이 생겨 자연에서 적응하기가 어렵다.

수리부엉이의 빠른 방생을 위해 깃 보수와 이식

을 진행했다. 폐사한 다른 수리부엉이 깃을 사용해 새것으로 바꿔주었지만, 계류장에 다시 넣는 순간 자극에 예민한 수리부엉이는 또 깃을 소중히 여기지 않았다. 약 3일에 걸쳐 깃을 새로 바꿔주었지만 소용이 없어 허탈했다. 일각에서는 상처 부위를 봉합했던 너구리의 발이 또 터졌다는 소식이 들려오고, 다리가 부러져 핀을 삽입하는 수술을 했던 멧비둘기는 계류장에서 심하게 난리를 피워 핀이 빠져버렸다는 이야기를 들었다. 오늘은 살짝 힘든 하루라고 생각했다.

아침에 동물 먹이를 준비하고 있는데 거의 30분마다 구조 요청 연락이 온다. 마음이 급하다 보니 동선이 꼬여 준비한 먹이를 냉장고에 넣으려다가 다 쏟아버렸다. 당장 센터에 계류하고 있는 동물 먹이도 만들어야 하고, 곧 치료가 끝나는 동물을 위해 계류장을 비우고 종에 맞게 환경을 설정해줘야 하는데, 구조까지 나가야 한다니. 몸이 한 개인 게 너무 아쉽다.

내가 일하고 있는 야생동물구조센터는 구조되는 야생동물 대비 근무하는 직원 수가 적다 보니 항상 인력난에 시달리고 있다. 그렇기에 확실하게 구조가 가능한 개체를 우선으로 구조하고 있고, 구조가 불확실하다면 인력의 문제로 인해 출동하지 못하기도 한다. 마음 같아서는 모든 건을 현장에 나가 직접 확인하고 싶지만, 확실하지도 않은 신고에 구조를 나가다 보면(현장에 가보니 동물이 사라지는 경우도 있다), 센터에 계류하면서 치료받는 동물에게 그 피해가 고스란히 돌아간다.

어김없이 다친 너구리를 발견했다는 연락이 왔는데, 몇 시간 전에 봤던 너구리였고 신고자는 현장에서 멀어진 지 오래되었다고 한다. 전화 통화로 신고자에게 그런 상황에서는 구조를 나가기 어렵다고 설명했지만, 어떻게 다친 동물을 외면할 수 있냐고 하면서 엄청나게 화를 내셨다. 핸드폰을 어깨로 받치고 귀에 댄 채 양손으로 동물에게 줄 먹이를 자르고 있던 나는, 온전히 신고자의 분노를 받아낼 수밖에 없었다. 신고자의 마음도 이해는 된다. 다친 야생동물을 본 것이 처음일 테니 안쓰러운 마음에 빨리 구조를 해야 한다고 소리치는 것도 당연하다. 하지만 이해가 되는 것과 달리 먹이 준비하다가 영혼이 빠져나가는 것만 같았다.

구조된 동물이 모두 다 치료받는 것은 아니다. 자연으로 돌아갈 수 있다고 판단된 개체만 치료받고, 그렇지 못한다면 안락사를 고려한다. 내부에서 동물 관리를 주로 하는 나는 하루에 많으면 구조를 다섯 번 이상 나가기도 하는데, 모든 동물이 다 안락사 되거나 구조 도중 폐사하기도 한다. 온종일 야생동물을 구조하기 위해 힘썼는데, 돌아보니 살아있는 개체가 없는 상황이 되는 것이다.

진료·수술실 문 앞에는 야생동물구조현황판이 붙어 있다. 구조 현황판에는 야생동물의 구조, 폐사, 안락사, 방생 현황이 일자별로 적혀 있다. 검은색으로 적혀 있는 것이 당일 구조된 야생동물, 파란색으로 적혀 있는 것이 방생된 야생동물, 빨간색으로 적힌 것이 폐사하거나 안락사 된 야생동물이

다. 그날은 야생동물구조현황판에 빨간색이 많았다. 수많은 동물의 죽음을 목격하다 보니, 죽음에 대해 무뎌진 나 자신을 마주할 때도 있다. 사실 무뎌졌다는 표현보다는 아예 생각이라는 것을 안 하고 있다는 표현이 맞겠다. 내가 이상한 사람이 되어버린 것 같다.

일하면서 이런 일들이 쌓이면, 자연스럽게 멘탈이 흔들리며 고장 나버린다. 이때 동물을 돌보다가 사고 날 위험이 가장 높다. 동물을 보정하다 놓치거나, 포획하다가 날카로운 이빨에 물리거나 발톱에 피부가 찢길 수 있다. 그렇게 자칫 잘못하다간 몸도 마음도, 동물도 사람도 다 고장 나는 것이다. 해결 방법은 없다. 그냥 그렇게 한 번 고장 나면 갑자기 정신이 번쩍 차려진다. 가장 중요한 건 예방인데, 과연 내가 예방한다고 예방이 되는 일일까? 자연재해를 어떻게 막나, 그냥 빨리 현실 파악하고 재해 복구에 온 힘을 다해야지.

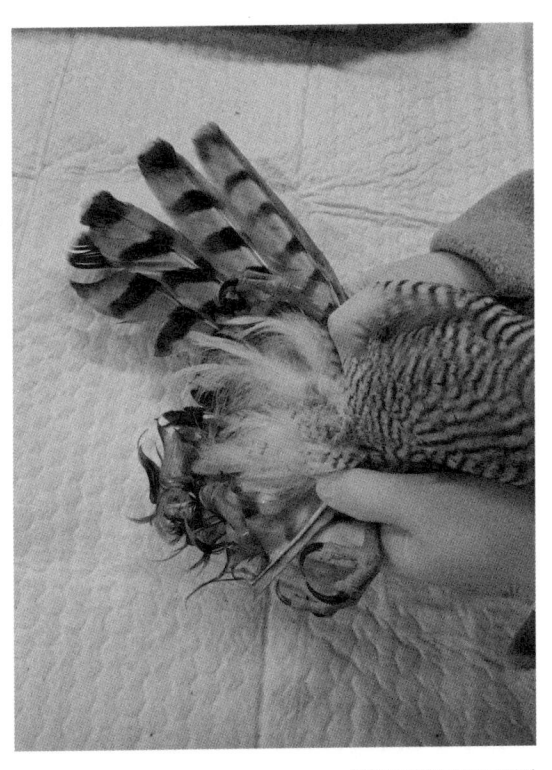

ⓒ충남야생동물구조센터

정신과 시간의 방

내가 일하는 곳은 오전에 특히 바쁘다. 밤사이 상태가 안 좋아진 동물들을 돌봐야 하고, 동물의 먹이도 만들어야 하고, 오후에 어떤 구조가 발생하고 몇 개체의 동물이 다쳐서 들어올지 모르니 최대한 모든 동물 관리 업무를 오전에 빠르게 끝내야 한다. 어김없이 그날도 바쁜 날이었다.

"선생님, 솔부엉이 체중이 떨어졌는데, 강급('강제 급여'의 줄임말)할까요?"

같이 일하는 근로장학생이 먹이를 준비하고 있

는 나에게 물었다. 전 체중과 비교하니 거의 하루 만에 10g의 체중이 빠졌기에 잘게 자른 메추리 15g 정도를 근로장학생에게 주며 강급을 부탁했다. 아직 만들어야 하는 먹이가 남았기에 다시 먹이 준비에 집중하려고 했는데, 갑자기 진료실에서 나를 찾는다.

다급히 가보니 진료가 끝난 너구리의 밥을 챙겨 달라는 이야기를 전달받았다. 다시 먹이준비실로 들어와서 추가로 요청받은 너구리의 밥을 만들고, 계류장에 미리 넣어놨다.

이제 다시 먹이를 준비하려고 가위를 들었는데 뒷마당에서 이상한 기계음이 들렸다. 가보니 인조잔디를 청소하려던 자원활동가 분이 물이 새고 있는 고압세척기를 앞에 두고 끙끙대고 있었다. 전원을 끄고 호스를 강하게 다시 연결해서 고압세척기를 고쳐주었다.

얼굴과 몸은 물에 젖어서 축축해졌지만, 괘념치 않고 다시 먹이준비실로 들어갔다. 오전 아홉 시

반부터 먹이를 준비했는데, 11시가 된 지금까지도 끝내지 못했다. 생각보다 시간이 오래 걸려 최대한 속도를 내면서 먹이를 만들고 있는데 다시 근로장학생이 나에게 와서 질문했다.

"야외 계류장에 횃대가 없는데 일부로 빼놓은 건가요? 계류장 안에 황조롱이가 있는데 횃대만 없어서요."

황급히 야외 계류장에 달려가 보니 황조롱이가 멀뚱거리며 바닥에 서 있었다. 어제 계류장을 청소하면서 횃대를 보수한다고 빼놨는데 누군가 황조롱이를 그 계류장에 넣어 놓은 것이다. 다시 황조롱이를 잡아서 횃대가 설치되어 있는 계류장에 넣어주고 또다시 먹이준비실로 들어왔다. 어느새 12시가 되었다. 먹이준비실 시간이 다른 곳보다 빨리 흐르는 것 같았다.

시간이 이상하게 흐르는 공간은 먹이준비실 말

고도 한 곳 더 있었다. 바로 집중치료실이다. 여름이 되면 새끼동물로 가득한 이곳은 한 번 들어가면 밖으로 나오지 못한다. 왜냐하면 한 시간 혹은 30분마다 새끼동물에게 먹이를 제공해줘야 하기 때문이다. 집중치료실 당번은 당일 아침에 정해진다.

 이날은 도와줄 근로장학생이 없어서 내가 집중치료실 당번이 되었다. 새끼 매를 위해 메추리를 다지고, 새끼 멧비둘기를 위해 이유식을 타고, 새끼 까치와 어치를 위해 메추리와 과일을 잘게 잘라서 집중치료실 안으로 들어갔다.

 들어간 순간 다양한 새의 울음소리가 들린다. 새끼 매는 먹이를 잘 받아먹는다. 오히려 너무 잘 받아먹어서 문제가 생길 수도 있는 수준이었다. 이미 한계치까지 먹이를 먹어 소낭이 가득 찼는데도 불구하고 계속 먹이를 달라고 운다. 하지만 단호하게 계류장 문을 닫고 가림막을 쳤다. 시야가 가려지자 신기하게도 울음소리가 뚝 그쳤다.

 다음은 새끼 멧비둘기 차례이다. 이유식을 먹기

위해 목을 쭉 빼고 부리를 크게 벌린다. 벌리는 타이밍에 맞춰 이유식을 밀어 넣어주니 삼키는 과정도 없이 잘 받아먹는다. 새끼 멧비둘기도 먹이를 정량보다 많이 주다가는 골격계 이상이나, 소낭 저류 현상이 벌어지기 때문에 더 달라고 보채도 더 줄 수가 없다. 어떻게든 많은 먹이를 먹으려는 멧비둘기는 계류장 밖에 있는 나에게로 넘어오려고 했다. 혹시라도 떨어질까 봐 멧비둘기를 계류장 안쪽에 살살 넣어놓고 다음 먹이를 제공할 까치와 어치에게 찾아갔다.

이 개체들은 조금 성장했다고 먹이를 가려 먹는다. 메추리는 잘 받아먹지만, 과일은 맛있는 것만 받아먹는다. 조금이라도 맛없는 크랜베리를 주면 부리로 집어서 맛을 보고는 퉤, 뱉어버린다. 과일을 바꿔서 블루베리를 주니 그제야 삼켰다. 이제 허리 좀 펴려고 했는데 시간을 보니 한 시간이나 지나 있다.

다시 급여할 먹이를 만들고 다시 새끼동물들에게 먹이를 주러 갔다. 먹이를 몇 번 주지 못한 것 같은데 이제 나도 점심을 먹을 때가 되었다. 점심 먹고 다시 이 정신과 시간의 방에 갇힐 생각을 하니 아득해진다.

3. 오후 업무

무뎌질 수밖에 없는 이유

열심히 일하다 보니, 벌써 점심시간이다. 시간이 왜 이렇게 빨리 가는지 모르겠다. 정신없이 남아 있는 동물의 먹이를 준비하고, 밥을 먹지 않는 솔부엉이에게 강급하고, 더러운 참매의 계류장을 청소하고, 진료 보는 오소리의 마취를 도와주다 보니 점심시간이 되어버렸다.

원래는 12시부터 한 시까지지만, 직업 특성상 한 시부터 두 시까지 혹은 그 뒤의 한 시간이 점심시간이 되는 경우도 파다하다. 아직 수의사 선생님은 오전 내에 진료를 봐야 하는 개체를 다 보지 못해서 진료를 마친 동물의 마취가 깨길 기다리며 앉아 있지만, 살 사람은 살아야 한다는 생각으로 먼저 "점심 먹고 오겠습니다" 외치며 도망쳤다.

 소중한 한 시간 동안 집으로 가 점심을 먹으면서 힘들었던 나를 돌아보고, 깜이의 꼬순내를 맡으며 힐링하려고 했지만, 꿈이 너무 컸다. 간단하게 라면을 끓이기 위해 냄비를 얹히고, 냉동 밥을 전자레인지에 데우는데 구조 핸드폰이 울렸다. 다급히 전화를 받았다.

 "여기 농수로에 고라니가 빠져 있어요."

 농수로 고립 고라니 구조라니, 나를 포함해 적어도 두세 명이서 모두 구조하러 가야 하는 상황이 발생했다.
 "저희가 찾아갈 상세주소와 농수로에 빠져 있는 고라니 사진 문자로 부탁드립니다. 농수로 깊이랑 넓이를 봐야 해서요."

제발 농수로가 넓지 않기를, 길이가 길지 않기를 기도하며 신고자 분께 말씀드렸다.

"여기가 농수로라서, 상세주소를 모르겠어요. 혹시 전봇대에 번호 적혀 있는데 그거 사진 찍어서 보내도 괜찮을까요?"
"네, 보내주세요."

문자로 농수로 사진과 전봇대의 전주 번호 사진이 왔다. 전주 번호로 주소를 파악하려면 119에 문의해야 하기 때문에 곧장 119에 연락해 상세한 주소를 안내받았다. 주소를 확인하고 도착 예상 시간을 파악하고, 다른 선생님들께 연락을 드려 자초지종을 설명해 가능한 빨리 밥 먹고 센터로 와달라고 부탁했다.

상황을 해결하고 급하게 센터로 복귀하는데, 이미 구조를 나갔던 선생님으로부터 개선충 너구리 구조 완료로 30분 뒤 센터 도착한다고 연락이 와 있었다. 부랴부랴 센터로 도착해서 개선충 너구리가 들어갈 계류장을 조성해 따뜻하게 데워놓고, 농수로 고립 구조를 나갈 채비를 마쳤다. 센터에는 아직도 점심밥을 먹지 못한 수의사 선생님이 진료대 앞에 앉아 있었고, 바쁘게 움직이는 나에게 구조에서 언제 돌아오냐고 물었다.

"아마 세 시간 내에 돌아오지 않을까요?"

홀로 센터에 남게 된 수의사 선생님은 내 말을 듣고 답이 없었다. 아마 수의사 선생님도 오늘 점심은 못 먹지 않을까 싶다.

점심이지만, 근무하는 직원 중에 제대로 된 점심밥을 먹은 이가 과연 누가 있을까? 매일 바쁘게 돌아가는 센터이기에 힘든 마음을 돌볼 시간이 없다. 끊임없이 울려대는 구조 핸드폰 벨소리는 마치 옛날 공포영화 속 벨소리 같다. 물론 영화와 달리 벨소리를 듣는다고 해서 사람이 죽지는 않지만, 구조 핸드폰 벨소리를 들으면 공포스럽다.

오전에 이미 힘든 일이 겹겹이 발생해서 나는 고장 난 상태이고, 수많은 동물의 죽음을 마주하며 무뎌진 감정을 추스르기에는 시간이 너무 없다. 점심을 먹을 시간도 촉박한데 스스로 감정을 추스를 시간이 어디 있을까.

 야생동물과 달리 돌봄받지 못한 나 자신은 센터의 힘든 모든 것에 무뎌질 대로 무뎌져서 심신미약 상태가 되어 버린 것 같다. 악순환의 연속이다.

실제로 일어나는 일

점심시간이 지나갈 무렵 다른 직원들이 속속히 센터로 도착했다. 나 포함 다른 직원 두 명과 함께 농수로에 고립된 고라니를 구조하러 갔다. 고라니가 고립된 농수로는 굉장히 넓고 길었으며, 깊이도 깊어 사다리 없이는 농수로에서 자력으로 올라올 수 없을 정도였다. 구조 차를 타고 농수로를 훑으면서 가다 보니 모래톱 위에 앉아 있는 고라니를 발견했다.

고라니 털색이 모래와 같아 조금만 더 빨리 차를 몰았다면 못 보고 지나갔을 수도 있었다. 우리를 본 고라니는 바로 뛰어서 도망갔지만, 다행히 물이 차 있는 방향으로 도망갔다. 우리는 고라니가 물에 뛰어드는 상황을 고대했다. 수영을 잘해서 'water deer'라는 영명을 가진 고라니지만, 아무래도 달리는 속도에 비해 수영 속도는 현저히 느리기에 물쪽으로 가는 것이 포획에 유리했다.

우리도 고라니를 쫓아 차를 몰았고, 결전지인 물가 근처에서 멈췄다. 혹시라도 고라니가 방향을 틀어 반대쪽으로 도망친다면 다시 처음부터 고라니를 몰아야 되는 상황이 벌어진다. 그러면 구조 시간이 배로 늘어나 남은 업무에 지장이 생겨버린다. 혹시라도 큰 소리를 내서 고라니가 반대쪽으로 도망가게 된다면, 바로 대역죄인이 되는 것이기에 최대한 숨죽이며 몸장화를 신고 포획 망과 포획 가방을 챙겨 농수로로 조심스럽게 내려갔다.

농수로에 내려가니 바짝 긴장한 고라니의 모습이 보였다. 우리가 자칫 틈을 제공했다가는 바로 빈틈을 노려 반대쪽으로 도망갈 태세였다. 고라니가 겁을 먹고 뒤로 물러나게끔 크게 소리를 질렀다.

"저리 가!!!"

"오지 마, 안 돼!!!"

다행히 고라니는 물가로 도망쳤고, 우리는 느리게 헤엄치고 있는 고라니를 수월하게 포획했다. 고라니는 농수로에서 여러 번 탈출을 시도했는지, 이미 발굽이 까져 피가 나는 상황이었다. 심하지만 않으면 바로 주변에 방생 지역을 찾아 자연으로 돌려보낼 계획이었지만, 생각보다 상처가 깊어 어쩔 수 없이 센터로 고라니를 이송했다.

센터로 이송해 고라니 진료를 보니 발굽 상처가 문제가 아니었다. 방사선 사진을 확인해보니, 고라니의 몸에 총탄이 박혀 있었다. 누군가 고라니를 향해 총구를 겨눈 것이었다.

전 세계적으로는 멸종위기종으로 분류되어 있지만, 유달리 우리나라에서만 유해야생동물로 분류되는 고라니는 야생생물 보호 및 관리에 관한 법률에 따라 시장, 군수, 구청장의 허가가 있으면 포획이 가능하다. 하지만 허가받아 유해야생동물을 포획한 자는 이후 다시 시장, 군수, 구청장에게 신고해야 하고 규정에 맞게 고라니를 처리해야 하는데, 이 고라니는 규정에 맞게 처리되지 못하고 총탄을 맞은 채 도망쳐 결국에는 농수로로 오게 된 모양이었다. 고라니는 무의미하게 총을 맞는 고통만 느낀 것이다.

해마다 농작물에 심각한 피해를 주는 고라니는 농민의 입장에서 보면 굉장한 골칫거리이다. 하지만 고라니의 개체 수가 이렇게 많지 않았더라면 상황이 이렇게까지 심각해지진 않았을 것이다. 상황을 심각하게 만든 것, 고라니의 개체 수가 많아지게 된 것은 분명 사람 탓이다.

우리 손으로 고라니의 개체 수를 자연적으로 조절할 상위 포식자를 멸종시켰다는 것이 대표적이다. 뭐든지 균형이 맞아야 순리대로 돌아가는 것인데, 우리가 그 생태계의 균형을 깨트려버렸으니. 농작물에 피해를 주는 것은 고라니가 맞겠지만, 그 원인에는 분명 우리의 잘못도 있다. 하지만 우리는 그 책임을 온전히 고라니에게 지도록 하고 있다.

정말 합법적인 방법으로 유해야생동물의 포획 허가를 받고, 고라니를 밀렵했다는 것은 가정에 불과하다. 아무도 본 사람이 없으니 그렇게 믿을 수밖에. 사실 이런 밀렵 사고는 누군가의 유의로 인해 벌어지는 경우가 많다. 실제로 야생동물구조센터에 구조되는 야생동물 중에는 사람의 욕심으로, 그저 하나의 유의거리가 되어 상처를 입고 구조되는 경우도 많기 때문이다.

참새를 키워보고 싶은 호기심에 아직 비행이 미숙한 유조 참새의 날개깃을 잘라버리는 사람도 있었고, 새총을 개조해서 쇠구슬로 집비둘기를 쏘는 사람도 있었으며, 심지어는 법적 보호종인 흰꼬리수리가 총탄에 맞아 구조되기도 했다. 밀렵은 유해야생동물에게만, 고라니에게만 해당하는 것이 아니다. 멸종위기종이나 천연기념물 같이 법적으로 보호받는 동물에게도 지금까지 빈번하게 일어나고 있다.

21세기, 심지어 총기 소지가 불법인 나라에서 이런 사고가 일어나고 있는 것을 모르는 사람도 많다. 하지만 이게 다 실제로 우리나라에서 일어나고 있는 현실이다.

너무나 쉽게 이야기되는 생과 사

내가 일하는 곳은 야생동물구조센터이지만, 유해 야생동물을 잡아달라는, 심하면 죽여달라는 연락을 받을 때도 있다.

야생동물구조센터에 입사한 지 3개월도 채 되지 않은 날이었다. 평소처럼 울리는 구조 핸드폰을 잡아 들고 전화를 받았다.

"혹시 두더지도 잡나요?"

두더지를 구조해달라는 이야기도 아니고, 두더지를 잡는지 왜 물어보지? 하고 생각했다.

"지금 두더지가 어디에 고립되었거나 다친 상황일까요?"

두더지를 잡아달라는 이야기가 두더지가 어딘가 아파서 구조를 요청하는 뜻인 줄 알고 무슨 문제가 있는지 확인하기 위해 물어보았다.

"아니요, 두더지를 잡아가냐고요."

입사 3개월 차인 나에게는 너무 어려운 질문이었다. 당황했지만, 최대한 당황한 티를 내지 않으려고 노력했다. 하지만 사람이 가난, 기침, 사랑은 절대로 감출 수 없다고 했는가. 당황한 나는 침을 삼키다 사레가 들려 기침했다. 수화기를 얼굴에서 멀리 빼고 호흡을 가다듬은 뒤 이야기했다.

"죄송합니다. 저희는 다치거나 조난된 야생동물을 구조하는 기관이지, 야생동물을 이유 없이 포획하는 기관이 아닙니다."

나의 말을 들은 신고자는 도리어 황당한 듯 말했다.

"지금 두더지가 우리 콩밭을 다 헤쳐놔서 농사 망하게 생겼는데 두더지를 없애버리는 게 맞는 거 아니야? 빨리 와서 잡아가야지."

이 말을 듣고 정말 대응하고 싶지 않았다. 나는 동물을 살리러 여기에 입사했는데, 왜 동물을 죽여달라는 부탁을 받아야 하는지 이해가 되지 않았다. 어쨌든 연락한 사람은 야생동물구조센터에 전화한 신고자이고, 도움이 필요해 직접 야생동물구조센터 연락처를 찾아보는 수고를 한 사람일 테니, 내 위치에서 할 수 있는 최소한의 대응만 했다.

"농작물 피해 관련해서는 야생동물구조센터가 아닌, 해당 지역 시·군청에 문의하셔야 할 것 같습니다. 저희는 다치거나 조난된 야생동물을 구조하는 기관이에요. 혹시라도 두더지가 다친 상태면 저희가 구조하겠지만, 지금은 구조가 필요한 상황이 아닌 것 같습니다."

내 마지막 말이 신고자의 심기를 건드렸는지, 그는 나에게 갑자기 웃으면서 질문했다.

"두더지를 구조한다고? 아니, 아가씨는 콩 안 먹어? 앞으로 콩 안먹을 거야?"

신고자가 개인적인 음식 취향까지 물어볼 줄이야 상상도 못했다. 답변을 하기 전, 짧은 시간 동안 머릿속에서는 수만 가지의 생각이 들었다. 전화를 그냥 끊어버려야 할까, 그래도 본분을 다해 저 사람에게 내가 하는 일을 하나부터 열까지 다 알려줘야 할까, 두더지로 인해 입은 피해부터 공감해줘야 할까, 시·군청에 연락하는 방법 외에 다른 방법을 모색해 알려줘야 할까. 갖가지 생각으로 인해 머릿속이 굉장히 복잡했지만, 의외로 입에서는 쉽게 답이 나왔다.

"저는 콩 싫어해서 안 먹는데요…."

 지금 생각해도 나의 답변이 유치하기 짝이 없는 것을 안다. 그리고 전혀 전문적이지 못하다는 것도 안다. 하지만 입사한 지 얼마 되지 않은 나에게, 안 그래도 센터 일은 힘들대로 힘든데 저런 전화까지 받아야 하다니, 지기 싫은 마음에 저런 대답을 내뱉었던 걸로 기억한다. 당연히 저 대답은 독이 되어 나에게 돌아왔다. 신고자의 화를 더 돋웠기에 속수무책으로 20분가량의 폭언을 들었다.
 결국에는 화를 못 이긴 신고자가 오히려 됐다면서 전화를 끊는 것으로 마무리되었지만, 아직도 나의 속상함은 마무리되지 않아 지금까지도 이 전화를 잊을 수가 없다.

 지금의 나라면 정말 가볍게 잘 대응했을 통화이다. 이후에도 비슷한 신고 전화를 받으면서 많이 단련되었기 때문이다. 유해야생동물이자 본인의

재산에 피해를 주는 야생동물이기에, 살아 있는 생명이지만 죽여달라는, 죽어 마땅하다는 말을 스스럼없이 한다.

하지만 내가 일하고 있는 곳은 야생동물구조센터이다. 유해야생동물이 '유해'야생동물이 되어버린 원인에 조금이나마 책임을 지기 위해 유해야생동물이어도 다치거나 조난당했으면 다른 야생동물과 차별 없이 똑같이 구조한다. 야생동물로 인해 입은 피해의 배상을 왜 야생동물의 목숨으로 받으려는지 도통 이해가 되지 않는다. 그렇게 해서 유해야생동물을 모두 없애버리면 모든 문제가 해결되는 것일까? 모든 생명은 다 존중받아야 마땅한데 왜 유해야생동물의 생과 사만 이렇게 쉽게 이야기되는 것일까?

나도 사람인지라

이처럼 구조 전화를 받다 보면 다양한 인간 군상을 만난다. 나도 똑같은 인간이라 때때로 이런 사람들의 구조 전화에 속이 상하는 일이 있다.

야생동물구조센터는 우리나라에 17개가 개소해 있다. 그렇기에 한 야생동물구조센터에서 관리하는 지역은 도 단위로, 구조 지역이 먼 곳은 편도로 한 시간 반에서 두 시간이 걸리기도 한다. 현재 내가 일하고 있는 야생동물구조센터에 같이 일하고 있는 직원은 수의사 3인, 재활관리사 6인, 행정 2인이다.

수의사 선생님과 행정 선생님은 내부에서 동물을 진료 보고 행정업무를 주로 담당하시기에, 가끔 시간이 괜찮을 때 구조를 돕는다. 구조가 주업무인 인원은 실질적으로 재활관리사 6인이다. 여기서 매일 다 근무할 수 있는 것은 아니니, 주로 두 명 정도 휴무로 빠지면 당일 근무하는 재활관리사는 네 명이다. 네 명 중 두 명은 내부에서 동물의 먹이를 만들거나 관리하고 수의사 선생님을 보조하기에, 결국 구조를 나갈 수 있는 인원은 많아 봐야 두 명이다(사실 이 근무 인원보다 더 적은 날이 많다).

구조 연락은 하루에 50통 이상 올 때도 있다. 여름에는 체감 10분마다 구조 연락이 오는 것 같다. 그 많은 구조를 두 명이서 처리하다 보면 구조가 필요한 동물에게는 매우 미안하지만, 구조하러 가기까지 시간이 너무 오래 걸리기에, 이런 상황을 설명하면서 신고자 분께 혹시 시간적 여유가 되면 우리가 도착할 때까지 동물을 지켜봐 주시거나, 그게 어렵다면 상자로 동물이 도망치지 못하게 덮어

줄 수 있는지 여쭙는다.

이때 "그런 걸 이야기할 시간에 빨리 와서 잡아야지 뭐 하는 거냐"라고 타박하는 분들이 계신다. 그러면 "최대한 빨리 갈 테니 제발 부탁드린다"라고 사정한다. 분명 야생동물이기에 다친 상태여도 도망칠 수 있다. 고라니는 다리 두 개가 부러져도 그 부러진 다리로 도망을 친다. 도망이 어려운 상태인 야생동물은 들개로 인해 2차 피해를 입을 수도 있다. 그런 상황을 방지하기 위해서 신고자 분께 사정하며 요청드리는 거지만, 다친 동물을 눈앞에서 보고 있는 신고자 입장에서는 그런 걸 신경 쓸 겨를이 없어 보인다.

구조 장소를 여쭤보면 확실한 상세주소를 알려주지 않는 경우도 있다. 조세호가 안재욱 결혼식을 몰라서 가지 못한 것처럼, 나도 구조 장소가 어디인지 모르면 찾아갈 수 없다. 조세호가 결혼식을 못 가서 프로불참러가 된 것처럼, 정확한 주소를 몰라서 구조를 가지 못한 것인데, 한순간에 직업의

식이 없는 사람이 되어버린다.

 보통 이런 분들은 굉장히 두루뭉술하게 주소를 알려주신다. 예를 들면, "지금 몇 번 국도에 차량충돌 고라니가 쓰러져 있어!"라거나 어디 군 어디 읍 사거리 옆 빨간지붕이라는 단서만 주신다. 국도는 굉장히 길게 이어져 있다. 그 국도에 다친 야생동물이 있는지 다 돌아보려면 반나절 이상 걸릴 수도 있다. 어디 방향 쪽 국도인지도 알려주지 않는다면 종일 걸릴 수도 있다. 집마다 부여된 주소가 아니라 단순히 빨간 지붕이라고만 알려줄 경우엔… 셜록홈즈도 아니고. 나는 탐정이 아닌 야생동물재활관리사다. 인터넷에서 지도를 확인해서 상세주소를 알려달라고 해봐도, 네비게이션을 켜서 상세주소를 알려달라고 해봐도, 주변에 주소를 알 만한 다른 사람을 바꿔달라고 해봐도, 계속 빨간 지붕이라는 말만 반복한다.

 결국 주소 확인이 어려워 구조를 못 간다고 말씀드리면 어떻게 동물을 구조하는 사람이 구조를 못 오냐고, 그럼 동물을 그냥 죽게 내버려두냐고 소리치며 나를 책임감 없는 사람이라고 매도한다. 근데 책임감 없이, 이렇게까지 할 수 있나?

구조 전화에서 이처럼 다양한 인간 군상에 스트레스를 받지만, 구조 현장에서도 다를 바가 없다. 구조 장소에 도착하면 신고자 분이 나를 보고 놀라는 경우가 많다. 여자인 내가 혼자 야생동물을 구조하러 왔다는 점에 굉장히 놀라면서 미덥지 않다는 듯 한마디 덧붙인다. 앞서 말한 것처럼 구조인력이 매우 부족하다 보니 혼자서 야생동물을 구조하는 일이 대다수다. 나도 나름 5년 차 재활관리사인데 "여자 혼자 이걸 어떻게 하려고 그래!"라는 이야기를 들으면 자존심이 상한다.

하지만 오히려 도움 되는 점도 있다. 이런 이야기를 하는 분들 앞에서는 절대로 실수하지 않겠다는 마음이 생기며 더 이 악물고 구조하기에 구조 효율이 올라간다. 한 예로 겨울에 나무에 꽂힌 독수리를 구조하러 갔는데, 현장에 도착하니 신고자 분께서 여자끼리 왔는데 이걸 어떻게 하냐면서, 아직 구조를 시작하지도 않았는데 독수리를 이미 죽은 독수리 취급하던 분이 있었다.

오히려 더 자극받은 나는 사다리를 어깨에 든 채 산을 올랐고, 나뭇가지를 톱으로 잘라 꽂혀 있던 독수리를 빼냈다. 이를 본 신고자 분께서는 옆에 있는 딸에게 너도 커서 저 언니처럼 강해지라고 말했고, 태세가 전환된 상황에 승리의 미소를 살며시 지으며 산에서 내려왔던 적이 있다.

이외에도 라쿤을 키우다 보니 도저히 못 키우겠다고 데려가주면 안 되냐고 하는 사람, 강아지가 새끼를 낳았는데 강아지 입양할 사람을 알아봐달라는 사람 등 일하며 다양한 사람을 마주한다.

나도 사람인지라 이런 일들을 겪다 보니 사람에 대한 회의감이 들지만 동시에 사람 덕분에 치유를 받기도 한다. 야생동물이 무섭지만, 용기 내서 다친 동물을 상자로 덮어놓고 구조센터에서 야생동물을 구조하러 올 거니 상자를 치우지 말아 달라는 메모까지 적고 가는 사람, 구조하는 내내 옆에서 도와주시고 구조가 끝나니 너무 감사하다며 마실 것을 주시는 사람 등 덕분에 상처가 아물며 잃어버렸던 인류애가 다시 샘솟는 경우도 많다.

이런 분들께는 이 자리를 빌려 너무나 감사의 말씀을 드리고 싶다. 처음 보는 무섭고 낯선 야생동물이지만 시간을 내어 도움을 주시다니 정말이지, 너무너무 감사하다. 여러분 꽃길만 걸으시고, 정말 대대손손 복 받으세요!

스포츠 경기에 나간다면

수의사 선생님과 함께 구조한 동물 진료를 보고, 이제 동물에게 오전에 만들었던 밥을 주면서 일과를 마무리하려고 했다. 그런데, 구조가 한 건이 더 터졌다. 공장단지 내 공터에 개선충증에 걸린 너구리 두 마리가 돌아다닌다는 연락이었다.

부지가 넓어 나 포함 총 네 명의 직원과 너구리를 구조하러 갔다. 현장에 도착해서 포획에 필요한 짐을 내리고 각자 구역을 맡아서 너구리를 몰고 있었다. 너구리를 몰아넣는 것에 집중하느라 몰랐는데, 꽤나 많은 사람들이 유리창에 붙어서 우리가 너구리를 구조하는 모습을 보고 있었다. 마치 우리는 경기장에 나온 선수이고, 유리창에 붙어 있는 사람들은 관중 같았다.

보통 개선충증에 걸린 너구리는 옴진드기에 감염되어 피부가 가려워지고, 피부를 긁으면서 두꺼운 가피층이 형성된다. 가피가 두꺼워진 너구리는 털이 빠지며 체온 조절이 어려워지고, 나중에는 행동에 제한까지 받는다. 그래서 개선충증이 심한 너구리는 도망을 잘 못 가기에 포획이 쉬운 편인데, 이번 너구리들은 이제 막 개선충에 감염되었는지 매우 재빨랐다. 너구리를 포획하기 위해 이리 뛰고 저리 뛰어도, 주변 구조물에 가로막혀 번번이 포획에 실패했다. 그 모습을 본 관중이 소리쳤다.

"아이고, 이걸 못 잡네!"
"너구리 저쪽으로 가잖아요!"

서라운드로 들리는 목소리에 구조 활동은 더 혼선을 겪게 되었고, 그렇게 너구리 포획에 실패하게 되었다. 추운 겨울이었지만, 너구리를 잡으려고 뛰어다녀서 땀이 났다. 노력했지만, 너구리는 이곳 지형에 너무 능숙했다. 포획을 멈추고, 차선의 방책인 포획 틀을 설치하고 현장을 떠나려고 했는데 위에서 또 목소리가 들렸다.

"너구리 저기 있는데, 왜 못 잡아!"
"아이고, 답답하네!"

 순간 머릿속에서 유명한 명언(?)이 생각났다. 답답하면… 당신들이 뛰든가…. 나도 저기 구석에 너구리가 웅크리고 있는 것을 안다. 하지만, 그렇게 알고 다가가도 너구리는 금세 사람이 닿을 수 없는 곳으로 숨어 들어가서 나오지 않는다. 여기서 시간을 더 허비할 수 없기에 다음을 기약하며 포획 틀을 설치하고 잠시 빠지는 것인데, 그 뜻을 알지 못하는 사람들은 우리가 포기하고 가는 줄 알고 실망하고 탄식했다.

 이 상황에서 가장 슬프고 답답한 건 나다. 개선충으로 피부가 엉망이 된 너구리를 누구보다 구조해서 치료해주고 싶은 마음도 내가 제일 클 것이다. 하지만 야생동물을, 그것도 사지가 멀쩡한 야생동물을 구조하는 것은 정말 어렵다. 아직 정신적으로 미숙한 나는 답답하다는 소리에 욱하는 마음을 못 이기기도 했지만, '유리창으로 보고 있는 분들도 근무시간만 아니었으면 도와줄 수 있는데, 근무시간이라 나가지 못하고 보기만 해야 하는 상황이 얼마나 근질거렸을까?'라고 생각하며 마음을 가다듬고 나쁘게 생각한 스스로를 질책했다.

실제로 정말 야생동물을 포획하고 싶은 분들, 진짜 답답하신 분들은 구조를 도와주신다. 작은 대나무 숲에 움직이지 못하는 고라니가 있다는 구조 연락을 받았을 때도 그랬다. 현장에 도착해보니 이미 신고자 분은 자리를 떠난 상황이고, 주변을 둘러보니 작은 대나무 숲이 여러 곳에 분포되어 있는 지역이라 정확히 어느 대나무 숲에 고라니가 있는지 확인이 어려운 상황이었다.

동네에서 처음 보는 낯선 외지인이 홀로 숲을

뒤지고 있으니, 이걸 이상하게 여긴 한 시민 분께서 나에게 다가와 무슨 일이냐고 물었다. 나는 다친 고라니가 이 근방에 있다는 설명을 했고, 그 이야기를 들은 시민 분께서는 마치 자기 일인 것처럼 함께 고라니를 찾아 주기 시작했다.

"찾았어요!"

고라니를 발견한 시민 분께서 소리쳤다.

소리가 난 쪽으로 가보니, 고라니는 베인 대나무 뭉텅이 안에 들어가 있었다. 바닥에 뾰족한 대나무 기둥이 가득했기에 발을 잘못 디디면 다칠 수도 있는 상황이었다. 시민 분과 나는 최대한 발밑을 조심하며 대나무 사이에서 고라니를 꺼냈고, 움직이지 못하는 고라니를 함께 들어 켄넬 안에 조심히 넣었다. 만난 지 얼마 되지 않았지만 완벽한 팀워크였다. 혼자였으면 찾지 못했을 고라니를 함께 찾아주고, 심지어 고라니를 구조 차량까지 같이 운반해주어 너무 감사했다. 시민 분은 별일 아니라며

유유히 자리를 뜨셨고, 나는 시민 분이 눈앞에서 사라질 때까지 감사 인사를 전했다.

구조 현장은 마치 경기장 같다. 구조라는 경기가 시작되면, 주변에 있던 사람은 자연스럽게 관람객이 된다. 관람객 중에서는 응원을 하시는 분도 있고, 비난을 하시는 분도 있고, 아예 감독이 되어 지시를 하는 분도 있다. 나아가 같이 한 팀이 되어 경기를 같이 뛰어주시는 분도 있다. 다들 각자의 방법으로 구조라는 경기를 관람하지만, 모두 마음은 같다. 경기에서 이기길, 구조에 성공하길 바란다. 야생동물 구조 선수인 나는 이런 관람객들의 부응에 힘입어 야생동물을 무사히 구조하고 싶다.

4. 야근

돌봄에는 끝이 없다

 오후 내내 구조 뺑뺑이를 돌다 저녁 여덟 시가 다 되어서 센터로 복귀했다. 여러 지역을 돌면서 많은 야생동물을 구조했기에 초기 진료를 봐야 하는 개체가 네 마리나 되었다.

 구조를 기다렸던 수의사 선생님은 빠르게 방사선 촬영을 준비했고, 나는 구조된 동물의 정보를 컴퓨터로 등록부터 한 뒤 바로 수의사 선생님의 진료를 도왔다. 구조된 동물을 모두 살피고 시계를 바라보니 벌써 저녁 아홉 시가 넘어 있었다. 저녁밥도 못 먹었는데 아직 일은 끝나지 않았다. 마무리 회의가 남아 있기 때문이다.

빠르게 동료들과 저녁 메뉴를 골라 배달시키고, 일과 마무리 회의를 시작했다. 이렇게 시간이 늦어도 마무리 회의는 무조건 진행된다. 마무리 회의는 센터에서 가장 중요한 업무라고 해도 과언이 아니기 때문이다.

"일사 회의 시작하겠습니다. 24-1193 너구리 진료 보셨네요."

"너구리는 뒷다리 욕창 재포대 해주었습니다. 처방약 3일 더 연장할게요."

"24-2130 참매 오늘 체중이 초기에 비해 많이 떨어졌네요."

"참매는 구조된 뒤로 계속 스스로 밥을 먹지 않아 계속 강제로 급여하고 있는 개체입니다. 급여량이나 급여 횟수 더 늘려보도록 하겠습니다."

"야외 계류장에 있는 너구리 두 마리가 서로 싸우는 소리가 들린다고 합니다. 내일 두 개체 상태 확인해보고 필요하면 진료를 봐야 할 수도 있을 것 같습니다."

"오늘 온 개체는 어떤가요?"

"오늘 온 말똥가리는 차량 충돌 추정되며, 현재 기립 불능 상태입니다. 척추 부근 약간의 골절 확인되며, 기립이 어렵다 보니 오늘은 자가 급여 먹이가 나가기에는 무리가 있어 의료식 강제 급여했습니다."

이렇게 회의를 진행하는 선생님이 일사에 적혀 있는 동물의 개체번호를 읽으면, 그 동물을 진료 보거나 관리했던 수의사나 재활관리사가 처치한 내용을 공유하며 모든 동물의 정보를 모두와 공유한다.

매번 모든 일을 다 같이 하면서 계류하고 있는 동물의 상태를 전부 확인할 수 없기에 각자 일을 나눠서 한 뒤, 마무리 회의를 통해 처치한 내용을 공유하고, 앞으로의 진료 방향, 돌봄 방향을 논의한다. 계류하고 있는 동물의 개체 수가 많으면 많을수록, 논의할 내용이 많으면 많을수록 회의 시간은 길어진다.

어떤 날은 회의만 두 시간 한 적도 있다. 회의하다 보면 아직 미처 끝내지 못한 일들, 빼먹은 일들이 속속히 발견된다.

"까치 마지막 강급이 아직 안 되어 있네요."
"점심 강급 시간이 좀 늦어져서 회의 끝나고 하겠습니다."
"벌매 익각부 상처 확인했나요?"
"놓친 것 같습니다. 회의 마무리되면 바로 확인하겠습니다."
"오늘 독수리 진료가 있었는데, 일사에 적혀 있는 게 없네요?"
"오늘 원래 있었던 진료도 많았는데, 구조 동물이 너무 많이 와서 비교적 덜 급한 독수리 진료를 내일로 미뤘습니다."

정말 바쁘게 일했던 것 같은데, 끝내지 못한 일이 발생하면 동물에게 너무나 미안하다. 회의 시간 동안 빠진 일들을 메모하고, 긴 회의가 끝나자마자 메모한 일을 마무리하러 갔다. 회의 시작 전에 시킨 배달 음식은 이미 도착해 식어가고 있지만, 동물 밥도 제대로 챙겨주지 못했으니 내 밥을 먹는 건 사치라고 느껴졌다.

드디어 모든 동물 관리를 마무리하고, 사무실로 돌아와 보니 식은 배달 음식이 날 반겼다. 시간은 벌써 10시가 다 되어갔다. 입으로 들어가는 음식이 무슨 맛인지 잘 느껴지지 않았다. 주변을 살펴보니 다들 맛있는 밥을 먹는 표정이 아닌, 까끌한 흙을 씹고 있는 표정이었다. 내 밥이 유달리 맛이 없는 것 같아 옆에 앉아 있는 다른 선생님의 밥을 한 입 먹어봤다. 그냥 입맛이 없는 거였다. 모든 동물 관리 업무가 진짜로 끝났지만 누구도 퇴근한다고 웃는 사람이 없다.

"선생님, 밥 먹고 퇴근하세요."
"저는 밥 먹고 진료 일지 작성해야 해요."
"다른 선생님은?"
"저도 오늘까지 보고서 제출해야 해서요."

나도 별반 다른 건 없었다. 내일의 돌봄을 위해 오늘의 모든 일이 적혀 있는 일사를 수정해야 하기 때문이다. 분명 모든 동물을 다 돌봤는데 정작 퇴근하는 사람은 없다.

그래도 오늘 안에는, 12시가 넘어가기 전에는 퇴근하기 위해 얼마 남지 않은 체력을 끌어올려 이 악물고 마지막 업무를 본다. 부디 내일 지각만 면했으면 좋겠다.

답이 없는 난제

일사 회의를 하다 보면, 답이 없는 난제로 인해 회의가 쉽사리 끝나지 않을 때가 있다. 2024년 국가생물종목록 통계 현황을 보면 우리나라에는 포유류 125종, 조류 602종, 양서·파충류 64종까지 굉장히 많은 동물이 서식하고 있다.

 그렇기에 우리나라 자생 야생동물이 다치면 구조하는 야생동물구조센터에서 모든 종의 생태적 특성을 꿰고 있기엔 많은 한계가 있다(물론 공부를 게을리한 나의 부족함이 크다). 종의 생태적 특성을 잘 파악하고 있어도, 개체마다 성향이 다르고, 개체를 돌보는 사람들의 의견 차이도 있기에 답이 없는 난제에 대한 결론을 찾는 데 2주 이상이 걸리기도 한다.

"오소리는 다리 수술 언제 하나요?"

일사 회의 도중 오소리에 관한 이야기가 나왔다. 이 오소리는 앞다리가 창애라는 덫에 걸려 구조된 개체인데, 앞다리 괴사가 더 진행되기 전에 수술 날짜를 정해야 했다. 하지만 '오소리가 앞다리 한쪽 없이 자연에서 살아갈 수 있을까?'라는 난제에 아무도 답을 할 수 없었기에 짧은 정적이 흘렀다.

이게 정해져야 수술을 진행하고, 수술 후 방생 평가를 진행할 수 있기에 쉽사리 답이 나오지 않았다. 오소리는 주로 땅을 파는 동물로 굴 안에서 생활한다. 이런 오소리가 앞다리 하나 없이 자연으로 돌아간다면 오히려 도태되는 삶을 맞이할 가능성이 높다. 그래서인지 모두가 쉬이 의견을 내지 못했다. 나도 마찬가지였다.

일단, 회의는 끝내야 하니 각자 오소리 처치에

대해서 어떻게 할 것인지 자료를 찾아본 후 의견을 갖고 오기로 했다. 그러나 현재 오소리의 앞다리 괴사가 진행되고 있어 수술을 더 미룰 수 없었다. 결국 수술부터 진행하기로 하고 회의가 마무리되었다.

개인적으로는 오소리 수술이 잘 끝난다면, 자연으로 돌려보내고 싶었다. 굉장히 위험하고 한편으로는 무책임한 의견일 수도 있었다. 하지만 타 센터에서 앞다리를 적출한 오소리가 땅을 파 계류장을 탈출했다는 사례가 있었고, 오소리 종 성격이 대부분 도전적이기에 앞다리 핸디캡이 있어도 잘 적응할 것 같았다.

물론, 앞에서 말한 주장은 굉장히 비과학적이다. 오소리의 앞다리가 없으면 땅을 파기 힘들고, 그렇게 땅을 파지 못하면 숨을 수 없어 포식자인 들개에게 공격당할 위험도 크다. 앞다리 한쪽이 없으면 번식하기도 어려울 것이고, 앞다리 한쪽이 없는 채로 오랜 기간 살아가다 보면 체중을 세 개의 다리로 지탱해야 하니 몸에 무리도 올 것이다. 이 외에도 야생은 수많은 변수가 존재하는 곳이기에, 세 개의 다리를 가진 오소리를 자연에 돌려보낸다는 것은 오소리를 야생에 유기하는 것과 가깝다고 볼 수도 있다.

하지만 그렇게 수많은 변수가 존재하고, 우리의 생각으로는 모든 것을 알 수 없는 신비로운 곳이 바로 야생이기에, '세 개의 다리로도 오소리가 자연에서 살아갈 수 있지 않을까?'라는 생각에 희망을 걸어보고 싶었다.

회의 이후, 내 의견에 힘을 실어줄 과학적인 근거를 찾기 위해 오소리에 관한 문헌을 쥐 잡듯이 살펴봤다. 아쉽게도 오소리의 앞다리 한쪽을 적출한 채로 야생으로 돌려보낸 케이스는 찾아볼 수 없었다.

하지만 곰이나 담비, 너구리의 경우에는 앞다리 한쪽을 적출해서 자연으로 돌려보내고 그 이후, 야생에서 살아가는 모습까지 확인된 사례가 있었다.

오소리 방생 여부에 대한 회의 날이 다가왔고, 콜로세움에 나가는 검투사의 마음가짐으로 회의를 들어갔다. 모든 직원이 하나, 둘 각자의 의견을 내었다.

"오소리 앞다리 적출 수술하고 회복된 후, 야외 계류장을 내보냈는데, 땅을 파지 않더라고요. 이러한 모습을 보아 방생이 어렵다고 판단됩니다."

"저는 우리가 가진 야외계류장에서 오소리의 땅 파기 여부로 방생 여부를 판단하는 것 자체가 무리라고 생각합니다. 오소리는 보통 8m 이상 땅을 파면서 생활하는데, 저희가 가진 계류장은 그 정도 깊이가 나올 수도 없고, 지금 있는 계류장 환경에서 사람으로 인한 스트레스도 발생하기에 오소리가 가진 생태적 능력을 충분히 발휘하지 못하는 상황일 수도 있습니다. 다른 오소리 개체도 땅을 파봤자 몸만 겨우 담길 정도로 팠습니다."

"몸이 담기는 정도라도 다른 오소리는 땅을 팠지만, 이 개체는 아예 땅 파는 모습을 보여주지 않고 있습니다. 앞으로 다른 개체도 야외계류장을 사용해야 하는 상황에서 이 오소리에게 더 많은 시간을 주기엔 한계가 있습니다."

"지금 시기가 가을에서 겨울로 넘어가고 있기에 동면을 준비 중일 수 있습니다. 그런 오소리에게 땅을 파는 행동을 기대하기엔 시기가 적절하지 않은 것 같습니다."

"한쪽 발이 없는 채로 야생에서 살아가는 곰이나 담비, 너구리의 모습이 확인된 경우가 있습니다. 오소리도 이를 기대해볼 수 있지 않을까요?"

"분류학적으로 다르긴 하지만 오소리의 생태와 곰의 생태가 비슷하기에 이런 사례에 힘입어 오소리의 방생도 가능성이 있지 않을까 싶습니다."

"곰은 우리나라에서 사람 외에는 포식자가 없는 상황이고, 담비와 너구리는 오소리와 다르게 매우 사회적인 동물입니다. 그렇기에 오소리와 다른 종을 동일 선상에 두고 방생을 시도하기엔 무리가 있을 것 같습니다."

"포유류 전문가에게 자문을 받아 본 결과, 확신

할 수 없지만 오소리가 한쪽 발 없이 자연에서 살아가는 것이 불가능하지는 않을 것이라는 답변을 받았습니다."

  이렇게 나를 포함한 모두가 열띤 토론을 계속했다. 오전 내내 오소리 이야기만 했던 걸로 기억한다. 모두의 이야기가 정답이고 오답이었다. 오소리를 방생하지 않는 것도 맞고, 방생을 시도해볼 수 있는 것도 맞았다. 정말 답이 없는 난제에 모두가 머리를 싸매며 답을 찾고 있었다.

  더 다양한 의견들이 오고 갔지만, 결과적으로 오소리는 방생되지 못하고 안락사되었다. 가장 큰 문제는 현실적인 문제였다. 오소리 앞다리를 적출하고 방생할 수는 있지만, 방생만 보내는 것은 유기와 다름이 없었다. 아무도 해보지 않은 것을 하기 위해서는 데이터를 축적하며 우리가 스스로 답을 만들어가야 하기에, 방생지에 무인카메라를 설치해서 오소리가 앞다리 한쪽이 없는 채로 잘 살아가는지 모니터링을 시행해야 했다.

그 모니터링을 할 인력과 예산이 없는 것이 문제였다. 방생을 반대하는 사람들도 누구보다 오소리를 다시 자연으로 돌려보내고 싶어 했을 것이다. 동물을 살리기 위해 삼은 직업인데, 동물을 살리는 직장에서 누가 동물이 죽길 원하겠는가?

하지만 현실적인 문제가 있기에 어쩔 수 없는 선택을 한 것뿐이다. 같이 일하는 나는 누구보다 동료의 그런 마음을 알기에 더 이상 말을 덧붙일 수 없었고, 결국 오소리의 안락사가 결정되었을 때 모래를 삼킨 것처럼 입이 텁텁하고 목이 따끔하며 가슴이 답답한, 불편하고 불쾌한 감정이 온종일 지속되었다.

일하면서 이런 난제를 만날 때가 많다. 한쪽 안구가 손상된 올빼미과가 자연에서 살아갈 수 있을까? 조류의 발가락 하나에 문제가 발생하면 어떤 불편함이 야기될까? 내가 동물이 되어볼 수 없고, 동물은 사람에게 말해줄 수 없으니 스스로 끊임없이 공부하고 알아가야 한다. 오소리의 이야기처럼 힘들게 야근하면서 공부하고 고민해도 새드엔딩을 맞이할 수 있지만, 아무도 모르지 않는가. 나의 고생 덕에 답이 없는 난제에 대한 정답을 발견하게 될지. 답이 없는 난제를 해결해 해피엔딩을 맞이할 수 있다면, 이런 야근은 얼마든지 할 수 있다. 덤벼라, 야근아.

교육과 홍보의 중요성

야생동물구조센터에서 일하다 보면 야생동물 관련된 교육을 요청받는다. 요청 기관은 다양하다. 야생동물 관련 업무를 하는 공공기관, 소방안전센터, 해양경찰서, 초등학교부터 대학교까지. 야생동물에 대한 인식이 과거에 비해 많이 올라갔는지, 우리를 통해 야생동물에 관한 이야기를 듣고 싶어 하는 곳들이 속속히 생겨나고 있다.

그러다 보니 야생동물을 돌보는 업무가 마무리되면 교육 자료를 만드는 업무를 진행한다. 우리나라에 서식하는 야생동물이나 우리 주변에서 흔히 볼 수 있는 야생동물을 소개하고, 이러한 야생동물을 위협에 처하게 하는 요인들, 다치거나 조난당한 야생동물을 만났을 때 대처 방법 등을 알리는 교육 자료를 만들다 보면 새벽까지 일하는 경우도 발생한다.

동물을 관리하는 업무 외에도 할 일이 많다 보니 일반적인 업무 시간에, 사무실에 앉아서 교육 자료를 만드는 것은 꿈도 못 꾼다. 만약 야근이 아닌, 일반적인 업무 시간에 사무실에서 교육 자료를 만들고 있다면, 30분도 못 가 밖으로 불려 나갈 것이다. 일에는 연속성이 중요한데 자꾸 일이 끊기게 되니, 그냥 야근 시간에 교육 자료를 만드는 것이 어떻게 보면 더 빨리 끝낼 수 있는 방법이다.

이렇게 새벽까지 고생하면서 교육 자료를 만들다 보면 너무 피곤해서 힘들지만, 여러 사람과 만나면서 야생동물에 관한 이야기를 나누다 보면 나도 깨닫거나 배우는 점이 많다.

"선생님, 제가 야생동물구조센터에 올 때까지 기다리고 계셔주세요!"

교육이 끝나고 한 학생이 와서 이야기했다. SNS를 보고 야생동물구조센터를 알게 되었고, 야생동물재활관리사를 꿈꾸게 되었다고 한다. 옛날 나의 모습과 겹쳐 보이면서 말로는 형용할 수 없는 벅차오름을 느꼈다. 학생에게 이런 말을 들었을 시기가 사실 '이렇게 힘든 일을 계속할 수 있을까?'라는 고민을 스스로 하고 있을 때였다. 하지만 학생이 말을 한 그 순간, 진짜 저 학생이 야생동물구조센터로 올 때까지는 최대한 버텨보고 싶은 마음이 솟아났다.

단비 같은 말로 나의 척박한 마음을 녹여낸 것은 이 학생뿐만이 아니었다. SNS에 게시물을 올리면 달리는 응원의 답글, 구조 현장에서 듣는 "인터넷에서 보다가 야생동물이 다쳐서 연락드렸는데, 진짜로 와주셔서 감사합니다."라는 말들이 내가 일을 지속할 수 있는 가장 큰 힘이지 않을까 싶다.

직접적으로 현장에서 사람들을 교육하는 것 외에도 인터넷으로 덕을 보는 경우도 많다. 야생동물이 처한 위협과 현실에 대해 인스타그램이나 유튜브로 소개하다 보면 그 게시물을 보고 방송사에서 연락이 온다. 이번 주 뉴스로 야생동물의 이야기를 다루고 싶다는 연락, 야생동물 특집으로 구조센터의 이야기를 촬영하고 싶다는 협조 요청이 연쇄적으로 발생한다.

그렇게 SNS에서만 이야기되고 다뤄졌던 야생동물의 상황이 공중파까지 진출하게 되고, 사람들에게 닿게 되면 많은 관심 덕에 야생동물이 살기 좋은 나라에 가까워진다. 야생생물 보호 및 관리에 관한 법률에 인공구조물로 인한 야생동물의 피해 방지 조항이 생기기도 했다. 물론 이 조항이 생기는 데에 이런 홍보 활동이 100% 기여한 것은 아니다. 복합적인 이유로 신설된 것이지만, 야생동물구조센터에서 인공구조물로 인한 야생동물의 피해 자료를 오랜 기간 축적해왔고, 이러한 문제점을 끊임없이 제기했기에 법률 조항이 만들어지는 시발점이 되었다고 할 수 있다.

계속되는 야생동물 구조와 죽음으로 인해 피로

감이 최대치로 솟은 나는 근본적인 원인을 고치고 싶었다. "야생동물이 다치지 않으려면, 어떻게 해야 할까?" "이미 파괴된 서식지를 고치기엔 늦어버렸는데, 어디서부터 고쳐나가야 할까?"라는 고민을 많이 했다. 이미 파괴된 서식지를 고치는 것은 혼자서 할 수 없는 일이기에, 나라는 인간 단신으로 할 수 있는 일이 있는지 열심히 찾아봤다. 물론 이렇게 야생동물을 구조하는 일도 작게나마 도움이 될 수 있지만, 근본적인 원인을 고쳐나가고 싶었다.

그렇게 찾아서 했던 일이 교육과 홍보다. 야생동물재활관리사로 일하면서 누구보다 야생동물이 처한 위협에 대해 잘 알고 있기에 이런 것을 사람들에게 알려 야생동물이 다치는 일을 미연에 방지하거나 줄여나갈 수 있을 것 같았다.

지금 생각해보니 꽤 괜찮은 생각이었던 것 같다. 내가 하는 모든 일, 동물을 돌보는 것뿐만 아니라 사람들에게 야생동물에 관해 알리는 일을 통해서도 느리지만 천천히 원인을 고쳐나가고 있다는 것을 알게 되었다. 끝없는 오르막을 올라가고 있는 기분이라 힘들어 죽겠다는 생각밖에 들지 않았는데, 다행히 올라가는 길이 잘못되거나 막다른 길은 아니었다.

그러니 계속해서 이 오르막을 올라가 보려고 한다. 이런 오르막에서 짐을 나눠 들며 같이 올라가 주는 동료들이 있고, 오르막의 끝에 도달하도록 지치지 않게 응원해주는 사람들이 있기에.

그렇게 나는 오늘도 사람들에게 야생동물의 이야기를 들려줄 수 있는 교육과 홍보에 힘을 쏟는다. 야생동물이 다치는 것을 줄이기 위해서, 야생동물과 사람이 함께 살아가는 세상을 만들기 위해서, 야생동물에 대해 사람을 붙잡고 교육해야 하고 알려야 한다. 홍보물을 제작하고 교육과 인터뷰 준비를 하느라 오늘도 늦게 귀가한다.

퇴근하겠습니다

가장 좋아하는 퇴근 시간이다. 퇴근 시간이 되면 구조 전화를 받는 업무가 끝나기에 더 이상 구조될 동물이 없다는 것이 가장 큰 기쁨이다. 물론 구조 업무가 끝났다고 바로 퇴근할 수 없지만, 그래도 구조 전화기가 꺼졌다는 것은 곧 퇴근을 앞두었다는 뜻이기에, 어떻게 보면 1차 퇴근(?)이다.

퇴근을 바라보며 아침부터 저녁까지 바쁘게 일했다. 일사 회의도 빨리하기 위해 같이 일하는 동료들을 재촉하며, 다섯 시에 회의를 시작했다. 하지만 이게 웬걸, 회의 도중 구조 핸드폰이 울리며 담당 선생님이 구조를 가게 되었다. 얼마나 걸릴

지 예상 구조 시간을 계산해보니 세 시간은 족히 걸릴 것 같았다. 다른 직장인들과 다름없이 아침부터 퇴근만 바라보면서 열심히 일했지만, 보통 직장인처럼 여섯 시에 퇴근하겠다는 나의 계획은 처참히 무너졌다.

이처럼 여섯 시에 퇴근하는 경우는 정말 귀하다. 민간 구조사 선생님께서 다섯 시 반이 넘어서, 혹은 밤이 되어서 구조 동물을 데리고 오는 경우도 많다. 시곗바늘이 여섯 시를 가리키는 때를 기다리면서 1분에 한 번씩 시계를 보며 퇴근을 꿈꿨는데, 이렇게 동물이 느지막이 들어오게 되면 퇴근 시간은 하염없이 뒤로 밀린다.

동물이 늦은 시간에 센터로 구조된다는 사실을 들으면 최소한의 전력만 남기고 정리를 시작한다. 구조되는 동물의 방사선 촬영이 필요할 수 있으니 방사선 기계는 켜두고, 두 대의 진료대 중 하나는 미리 정리해둔다. 마지막으로 계류장을 돌면서 불을 끄기 시작한다.

자연에서는 일주기 리듬이 저절로 만들어지지만, 센터 내에 있는 동물은 우리가 켜주는 인위적인 빛으로 일주기 리듬을 맞춘다. 그래서 최대한 자연의 일주기 리듬과 비슷하게 맞춰주기 위해 태양이 사라지고 밖이 어둑어둑해질 때면 계류장 불을 꺼준다. 몸이 아프거나 체온조절을 스스로 못하는 개체에게는 열등을 지속적으로 틀어주기에, 설치되어 있는 열등이 잘 작동하는지도 마지막으로 확인해준다.

그렇게 마무리하다 구조된 동물이 들어오면, 스프링처럼 현관으로 뛰어가 구조 동물을 받고 체중을 측정하여 진료 볼 준비를 신속하게 마친다. 아침부터 오로지 퇴근만을 바라보고 있는 거다.

만약 일찍 퇴근하고 싶다면, 참신한 방법들이 있긴 하다. 농수로 고립 구조를 나가서 대표로 물에 빠진 고라니를 구조하거나, 야행성인 동물의 방생이 예정되어 있다면 방생한 뒤 바로 집으로 퇴근하는 것이다.

농수로에 고립된 고라니를 구조하다 보면, 물이 차 있는 구간을 만나게 되는 경우가 있다. 거기에 빠지게 되면 고라니가 헤엄을 쳐 도망치는 덕에 속도가 느려져 손쉽게 포획할 수 있다.

다만, 사람도 그곳에 빠져야 한다는 것이 단점이다. 물이 찬 구간에는 여러 명이 들어갈 필요가 없다. 딱 한 명만 제물이 되어 빠지면 되기에, 퇴근하고 싶다면 직접 들어가 고라니를 잡으면 된다. 몸이 흠뻑 젖은 채로 일할 수 없으니 오히려 퇴근을 권유받는 상황이 온다.

"빨리 집에 가서 씻으세요."
"네, 그럼 퇴근하겠습니다."

야행성인 동물을 방생하는 것도 퇴근을 위한 또 하나의 방법이다. 우리나라에 서식하는 야생동물 중 상당수가 야행성이다. 치료가 끝나고 재활 과정을 거쳐 자연으로 돌아갈 수 있는 상태가 되었다면 방생 시기를 고민하게 된다. 아무래도 활동 시기인

오후 늦은 시간이나 저녁 때 방생해야 서식지에 적응할 가능성이 더 높아진다. 그러니 야행성 동물의 방생을 자처한다면, 오히려 센터에서 나머지 업무를 하는 것보다 빠르게 퇴근할 수 있다.

여기서 중요한 점은 그 방생 지역이 운 좋게 우리 집과 가까워야 한다는 것이다. 동물이 구조되었던 지역으로 다시 돌려보내는 것이 방생할 때 첫 번째로 고려해야 하는 점이기에 이건 위험성이 조금 있는 방법이다. 방생 지역이 굉장히 먼 곳이라면 오히려 센터에 남아서 업무를 보던 동료보다 더 늦게 퇴근할 수도 있다.

큰일 났다. 이게 알려지면 다들 고라니를 포획할 때 나를 보내지 않고, 야행성 동물을 방생할 때 나를 시키지 않을 텐데. 혹시라도 이렇게 운 좋은 퇴근 상황이 벌어져도 포커페이스를 유지해야겠다. 다들 미안하지만, 저 먼저 퇴근하겠습니다. 살 사람은 살아야죠.

퇴근 실패

계속되는 야근으로 아침에 일어나는 것이 너무 힘들었다. 몸이 마치 물먹은 솜과 같고, 피곤해서 코를 너무 많이 골았는지 목이 따가웠다. 그래도 출근은 해야 하니까 고양이 세수를 하고 집을 나섰다. 센터에 도착하니 나 말고 다른 동료들의 몰골도 좀비와 다름이 없다.

"오늘 왜 이렇게 눈이 부었어?"
"아침부터 피곤해 보인다. 잠 못 잤어?"

이게 우리의 아침 인사다. 자칫 잘못하면 무례

해 보일 수 있지만, 서로의 상태를 걱정해주는 애정 섞인 말이다. 하지만 이런 아침 인사를 받아낼 힘이 없던 나는 웃음으로 답변했다. 오전 업무인 먹이 준비를 끝내고, 수의사 선생님의 진료를 보조했다. 마취하지 않는 개체의 포대를 갈아주기 위해 동물을 데리고 와 진료대에 올려놓고 보정하고 있었다. 그러던 중 민간 구조사 선생님께서 구조 동물을 데리고 오셨다.

"하나, 둘, 셋, 넷. 선생님 총 4개체 구조 왔어요!"

오늘 진료를 보기로 한 개체의 진료도 미처 다 보지 못했는데, 추가로 4개체의 진료가 생겨버린 것이다.

"야근 확정이네."

수의사 선생님이 웃으면서 이야기했다. 눈에서 보이지 않는 눈물이 흐르는 것 같았다. 아직 점심

시간이 되지도 않았는데, 야근이 확정되는 것이 너무 안타까웠다. 이런 일은 비단 수의사 선생님에게만 일어나는 일은 아니다. 센터에서는 매일 아침부터 서로 야근하는 사람이 있는지 확인한다.

"오늘 야근하는 사람?"

나는 요즘 하도 야근을 많이 해서 이번에는 일찍 퇴근하고야 말겠다고 다짐하며 말했다. 마치 사망 플래그를 세우는 것과 같은 행위였다.

그러자 동료 선생님은 오늘은 자기 혼자 야근하겠다며 시무룩한 표정으로 자리를 떴다. 센터에 사람이 한 명도 없고, 사무실을 제외한 모든 불이 꺼지며 홀로 야근하는 것이 얼마나 쓸쓸하고 외로운지 알기에 약간 안쓰러운 마음이 생겼지만, 나부터 살아야 했기에 마음을 굳게 먹었다. 오전 일과 마무리 후 점심을 먹고 센터로 돌아와서 사무실 책상 앞에 앉아 뒤늦게 컴퓨터를 켰다.

"이게 뭐람. 메일이 쌓여 있네."

 기부금 영수증 요청, 연말 실적 보고서 작성 요청 등 내가 모르는 사이 해야 할 일이 쌓여 있었다. 동물을 돌보는 야생동물재활관리사로 입사했지만, 인력의 한계가 있는 야생동물구조센터에서는 야생동물재활관리사가 동물을 관리하는 주 업무 외에도 다양한 일을 한다.

 동물과 관련된 행정적 업무와 물품 구매, 자원활동가 관리, 홍보, 교육, 기부금 관리, 타 기관과의 간담회, 연구 시료 협조 등 생각하는 것보다 사무실에 앉아서 해야 하는 일들이 많다. 나는 그중에서도 홍보와 기부금 관리를 맡고 있어서 연말 실적 보고서에 홍보 실적을 정리해야 했고, 연말 기부금 정산 및 영수증을 배부해야 했다. 이번에도 정시 퇴근은 실패했기에 오전에 야근하는지 물어보던 선생님께 다가갔다.

"저도 오늘 야근해야 할 것 같습니다."

이 말을 들은 선생님의 얼굴에 생기가 돌았다.

"오늘 저녁 뭐 먹을까?"

아직 퇴근 시간이 되지 않았는데 벌써 저녁 메뉴를 고민하는 선생님의 모습을 보며 오늘 야근해야 하는 것이 실감 났다. 원래 저녁은 집에서 먹으려고 했는데. 오늘은 집에 일찍 퇴근해서 정갈하게 씻고, 맥주 한 캔 먹으면서 나만의 여유를 찾아보려 했는데. 모든 것이 물거품이 되어버렸다. 하지만 먹고는 살아야 하기에 나도 같이 저녁 메뉴 고민에 동참했다.

"한식, 양식, 중식. 하나만 먼저 골라보죠."

ⓒ김리현

5. 퇴근

도와주세요!

입사한 지 얼마 되지 않았을 때, 농약에 중독된 독수리 구조 요청이 왔다. 당시 주말이라 혼자 근무하면서 센터에 계류하고 있는 동물을 돌보고 있었는데, 독수리만 5개체 이상을 구조해야 했다. 독수리가 농약에 중독되는 이유는 농약 먹고 폐사한 오리나 기러기류를 먹고 2차적으로 중독되었기 때문이다.

누군가 고의적으로 농약 묻은 볍씨나 오리 사료를 농경지에 뿌려놓으면 그 먹이를 먹은 오리나 기러기류가 1차적으로 폐사하고, 비행하면서 먹이를 찾던 독수리가 그 폐사한 오리나 기러기류를 먹고

2차적으로 농약에 중독되는 것이다. 겨울에 우리나라를 찾는 독수리들은 농경지 위에서 여러 마리와 함께 있는 모습을 보여준다. 그렇기에 구조 신고가 들어온 독수리는 5개체이지만, 그 주변에 농약 중독으로 인해 날지 못하는 독수리가 더 많이 있을 수도 있는 상황이었다.

신고 전화를 받고 혼자서는 역부족이라고 생각했다. 모두가 쉬는 날이었지만 어쩔 수 없이 SOS를 요청했다. 시간 되는 선생님들이 나와서 구조를 도와주고, 센터로 돌아와 독수리 위세척을 도와주었다.

주말에 센터에서 일하다 보면 갑작스럽게 일손이 필요해지기도 한다. 사람이 많이 나오는 평일로 구조를 미룰 수 있다면 그렇게 하겠지만, 일손이 필요해지는 구조는 항상 바로 출동해야 하는 건들이다. 그러니 쉬는 날이어도, 누군가 "도와주세요!" 할 수도 있는 것이다. 퇴근하고 오랜만에 주말에 쉬어보려고 했지만, 그것조차 어려울 때가 있다는 사실이 너무 슬프다.

더불어 평일에는 동물 구조 및 관리 업무로 바쁘기에 자원활동가 오리엔테이션과 같은 행사는 되도록 주말로 일정을 잡는다. 그렇게 주말에 일정을 잡으면 한 사람은 동물을 관리하러 출근하고, 한 사람은 자원활동가 오리엔테이션을 하러 출근한다. 하지만 오리엔테이션이라는 게 혼자서 하기엔 어려운 부분이 있다. 결국 쉬고 있는 누군가에게 도움을 요청할 수밖에 없다.

"쉬는 날 죄송한데요. 혹시 자원활동가분들 점심 사서 와주실 수 있나요?"
"자원활동가 오리엔테이션 때 강의 부탁드려도 괜찮을까요?"

 이런 부탁을 받으면 쉽사리 거절할 수 없다. 사실 부탁하는 사람이 제일 곤란하다는 것도 일하는 직원 모두가 안다. 인력이 부족하기에 여러 명이 맡아서 해야 하는 일을 혼자서 한다는 점을, 2인분의 일을 한 명이 처리하고 있다는 점을 알기에 누군가 도움을 요청한다면 모두 가능한 선에서 도와주려고 노력한다.

희한하게도 이렇게 도움을 주러 센터로 출근하면, 없던 일도 생긴다. 갑자기 구조가 많이 들어와서 도와주지 않고는 배길 수 없는 상황이 벌어진다. 그리고 이왕 출근해버린 거 밀린 일을 처리하고 퇴근하자는 마음이 생긴다. 시간이 없어서 하지 못했던 영상 편집이나 글쓰기, 깃 이식을 해야 하는 개체의 신체 계측 등 할 일은 무궁무진하다. 일반적인 출근 날에는 사무실에 오랫동안 앉아 있는 것이 어렵기 때문이다.

"선생님, 이 개체 무게가 많이 떨어졌는데요. 강급을 얼마나 할까요?"

"혹시 지금 괜찮으면 보정 좀 도와주실래요?"

"급하게 계류장 환경 조성이 필요한데, 부탁드릴게요."

"지금 쇠기러기 비행 테스트하러 가는데 같이 보러 가실래요?"

"지금 먹이 나가려고 하는데, 만들어놓은 순서 좀 알려주실래요?"

아무래도 센터에서 가장 중요한 업무는 동물을 돌보는 업무이니, 모든 일의 우선순위가 동물이다. 그러다 보니 어쩔 땐 도와주러 오길 잘했다는 생각이 든다. 매번 일을 미루고 미루다 보면 결국에는 야근하는 시간만 늘어나기 때문에, 초과 근무이지만 이렇게라도 일을 마무리할 수 있게 해줘서 오히려 도움을 요청한 동료에게, 도움을 요청한 동물에게 고맙다. 그리고 사실 오랫동안 이런 식으로 일해오다 보니 쉬는 날 초과 근무하러 가는 것도 익숙하다. 역시 인간은 적응의 동물이다.

퇴근하면 뭐 하지?

다른 사람과 비슷하게 퇴근하고 나면 절전모드가 된다. 영화, 드라마 등 누워서 무언가 보는 것을 좋아하기에 요즘은 OTT로 하루를 마무리한다. 사실 원래는 연차를 붙여 써서 여행 가는 것을 가장 좋아했다.

  퇴근하면 씻고 바로 여행하러 가는 것이 내가 스트레스를 해소하는 가장 효과적인 방법이었다. 그렇게 제주도에 가서 한라산 백록담도 보고 오고, 일본에 가서 후지산을 보며 놀이기구를 타고, 필리핀에 가서 스쿠버다이빙을 했지만, 이제는 그럴 수 없다. 아픈 노견과 같이 살고 있기 때문이다.

우리 깜이는 지금 18살로 초고령 개다. 그러다 보니 안 아픈 곳이 없다. 시작은 심장병이었다. 노화로 인해 심장 한쪽이 비대해졌고, 몇 년 전부터 아침, 저녁으로 약을 먹게 되었다. 어느 날에는 갑자기 깜이가 소리치면서 울었고, 병원에 가보니 췌장염이라고 했다. 혈액검사 결과 췌장 수치가 매우 높아서 입원해야 하는 수준이라고 했다. 3일간 입원했지만, 나이가 들어서인지 췌장염 수치는 쉽게 내려가지 않았고 결국 만성췌장염이 되었다.

깜이는 지금까지 본가에서 가족들과 살았기에, 내가 쉬는 날 가서 함께 시간을 보내곤 했다. 그러다 우리 집으로 깜이를 데려온 것은 신부전과 인지기능장애가 발병되고 난 다음의 일이다. 심장병과 신부전은 상극인 질병이다. 심장병 약을 먹으면 신장에 무리가 가기 때문이다. 몇 년 전부터 꾸준히 심장병 약을 먹던 깜이는 결국 신장까지 안 좋아지고 말았다. 신부전으로 신장 기능이 약해진 깜이는 매일 약을 먹는 것뿐만 아니라 매일 피하 수액까지 맞아야 했다.

하지만 가족 중 아무도 피하 수액을 맞추지 못했다. 동물을 돌보는 것을 업으로 삼은 나만 피하 수액을 맞출 수 있었다. 그리고 인지기능장애가 생긴 후로 불안해하는 시간이 늘었기에 내가 깜이를 집중 케어하게 된 것이다.

깜이가 우리 집에 온 뒤로, 집 안 분위기가 180도 바뀌었다. 어딘가에 자꾸 부딪혀 머리에 혹이 난 깜이를 보고 집안 곳곳에 스펀지를 붙였고, 매일 서클링을 하며 집안을 빙빙 돌고, 구석이나 틈에 들어가면 빠져나오지 못해 모든 가구를 빼고 깜이를 위해 거실을 통으로 내주었다.

직업 특성상 야근이 잦기에 매번 잠시 들러 깜이의 배설물을 치운 후 바로 다시 센터로 복귀하고, 점심시간에도 내려가 깜이의 약을 주었다. 아침, 점심, 저녁까지 내내 약을 줘야 해서 루틴도 깜이에게 맞췄다. 나이가 들어 면역력이 떨어진 깜이는 폐렴에도 쉽게 걸렸다. 컨디션이 조금만 안 좋아지면 갑자기 기침하며 호흡이 빨라졌다. 집에 산소발

생기를 구비해두고 깜이의 상태가 나빠지는 낌새가 보이면 산소 처치를 통해 호흡을 편안하게 해줬다. 깜이의 상태가 이러다 보니 집을 최대 네 시간 이상 비울 수 없게 되었다. 좋아하던 여행을 잠시 미루고, 친구와의 약속도 미루다 보니 온전히 집에 있는 시간이 많아졌다.

하지만 집에 있다고 쉬는 것도 아니다. 사람의 치매와 비슷한 인지기능장애는 깜이를 많이 불안하게 만들었다. 서클링을 하면서 빙글빙글 돌다가 갑자기 하울링을 했다. 혹시라도 옆집에 피해 갈까 봐 깜이를 안아 올리고 달래기 바빴다. 밤이 되면 더 아프고 불안한지 새벽에도 거의 세 번 이상 잠에서 깨며 하울링을 한다. 이번에는 갑자기 자다가 경련이 심하게 와서 추가로 항경련제도 먹고 있는 상태다. 다음에도 경련이 온다면 깜이가 더는 버티기 힘들 수도 있다는 말을 듣고 세상이 무너지듯 울었다.

센터에서 온종일 야생동물을 돌보고, 퇴근 후 집

에서도 온종일 깜이를 돌본다. 퇴근해도 계속 일하는 느낌이다. 다행히도 내가 동물을 돌보는 직업을 갖고 있기에 깜이를 돌보는 데 많은 도움이 된다. 약도 수월하게 줄 수 있고, 깜이가 불편한지 더 빠르게 알아챌 수 있다.

지금은 잠시 여행을 못 가서 아쉽지만, 여행에서 풀었던 스트레스를 깜이의 꼬순내로 풀어가고 있다. 앞으로 얼마 남지 않은 깜이의 시간이 부디 평온했으면 좋겠고, 내가 일하면서 배운 모든 것을 쏟아 깜이의 여생을 편안하게 돌보고 싶다. 나의 꿈을 찾아준 깜이에게 보답할 수 있는 날이 와서, 어릴 때 아무것도 모르고 데려온 깜이를 끝까지 책임질 수 있게 되어서, 오히려 행복한 나날을 보내는 중이다.

직업병

차를 타고 가다 보면 도로 위 사고를 당한 동물의 사체가 많이 보인다. 분명 옆에서 같이 차를 탄 친구는 도로 위 사체를 인지하지 못하는데 내 눈에만 유달리 잘 보이는 것 같다. 내가 동물과 관련된 일을 하고 있어서 그런 걸까?

그렇게 친구와 같이 차를 타고 도로를 달리는데 갑자기 핸드폰이 울린다. 삼성 기본 벨소리다. 깜짝 놀라 한 손으로 핸들을 잡은 채 습관처럼 주머니를 뒤졌다. 아차. 센터 구조 핸드폰의 벨소리와 똑같아서 착각했다. 괜히 민망하고 억울해져서 친구에게 한소리 했다.

"벨소리 좀 바꿔라."

친구는 내 말을 듣지도 않는 것 같았다. 이처럼 야생동물을 돌보는 것을 업으로 삼아서 어쩔 수 없이 생긴 직업병들이 있다.

평소 즐기는 취미가 많지 않다. 하나는 여행, 나머지 하나는 탐조다. 탐조는 자연 속에서 새들의 모습을 관찰하고 즐기는 활동이다. 동물을 좋아하다 보니, 야생에서 동물을 찾는 행위를 좋아한다.

내가 일하면서 볼 수 없는 자연 속 야생동물의 자연스러운 행위는 그 모습 자체에서 아름다움을 주기도 하지만, 일하는 데 도움 되는 지식을 주기도 한다. 탐조를 많이 하다 보면 야생동물의 생태적 특징을 직접 눈앞에서 볼 수 있으니 나에게 취미이자 공부이기도 하다.

하지만 어느 순간부터 탐조하는 데 조심스러워졌다. 자연 속에서 새를 '우연히' 찾는 것을 원했지만, 사람의 욕심은 끝이 없다고, 이제는 내가 보고 싶은 새를 골라서 서식하는 지역에 찾아가 '직접' 그 새를 보러 갔다. 그래도 여기까지는 괜찮았다. 같이 탐조를 간 사람이 새를 보겠다고 녹음된 새의 소리를 들려주거나, 더 멋진 새를 보기 위해 다른 야생조류를 미끼 삼는 행위들을 보기 전까지는 그랬다. 점차 새를 가까이서 보기 위한 욕심이 커지는 것을 보고, 나도 혹시라도 저 사람들과 같은 잘못된 행동을 할까 두려워졌다. 자연 속에서 잘 살고 있는 야생동물이 나로 인해 피해받을까 봐 두려워졌다. 자연스럽게 탐조하는 횟수도 줄어들었다. 아예 안 하진 않는다. 나란 인간, 그나마 탐조해야 공부한다.

자동차를 운전하면서 도로 양옆으로 깎아진 산을 의식하게 된다. 아무래도 도로가 만들어지기 전, 원래 이곳은 야생동물의 서식지이다 보니 언제 어디서 도로 위 야생동물과 마주할지 모른다. 워낙 도로 위에서 사고를 당한 야생동물을 많이 마주했다 보니 산길, 농경지 주변 도로에서는 야생동물을 만날까 봐 신경이 곤두선다.

더불어 유리 구조물에도 신경을 많이 쓴다. 도로를 지나면서 보이는 유리 방음벽에 혹시라도 야생조류가 충돌하지 않았는지 유리 벽 밑을 유심히 보면서 지나친다. 카페에 가서도 창문이 통유리로 되어 있으면 한 번 쭉 둘러본다. 역시나 유리창에는 야생조류가 충돌한 흔적이 가득하다.

야생동물과 함께 일하면서 사람으로 인해 다치거나 조난당한 야생동물을 만나고, 그로 인해 야생동물이 얼마나 많은 피해를 입고 고통을 느끼는지 가장 잘 알게 되었기에 세상에 불편한 것들이 많아졌다. 일반인이 보기엔 내가 예민한 것이지만, 내가 보기엔 이런 걸 보고도 무감각한 사람들이 이상하고, 서운하기까지 했다. 그래서 이걸 직업병이라고 부르기 시작했다.

실제로 일하면서 얻은 질병도 있다. 야생동물을 구조하러 여러 지역을 다니다 보니 장거리 운전이 잦아 허리 통증이 심해졌고, 높은 곳에서 뛰어내린다거나 쪼그리고 앉는 행동을 많이 하다 보니 무릎 통증도 생겼다. 병원을 많이 다니다 보니 연말정산 세액 공제에 병원비 부분 도움을 많이 받았다.

원래 피부가 예민한 편이지만, 어릴 때 앓았던 아토피성 피부염이라는 면역학적 이상 질병 때문에 지금도 조금만 피곤하면 피부염이 올라오곤 한다. 입술 양옆이 찢어지거나, 손에 한포진이 생겨 물이 닿을 때마다 따갑기도 했다. 심지어 고라니 알레르기도 있어 고라니의 침이나 털이 피부에 닿으면 간지럽고, 고라니를 마주할 때 마스크를 끼지 않으면 호흡이 힘들어진다.

이런 나를 보고 동료들은 "몸은 공주로 태어났는데, 하는 일이 노비 일이라서 몸이 고생이다."라고 말한다. 찰떡같은 비유에 오히려 힘이 났다. 내 몸이 공주로 태어났다니! 원래 공주에게는 이런 시련이 있는 것이 당연하다. 이 시련을 극복하면 공주에서 왕으로 신분 상승할 수 있지 않을까. 권력욕에 눈이 먼 나머지 이 일을 그만두지 못한다.

퇴근하고 만난 동물들

 퇴근하고 집에 오니, 빨래가 쌓여 있는 것이 보였다. 언제 어디서든 아무 데나 괘념치 않고 주저앉기도 하고, 흙먼지투성이인 곳에서 동물을 구조하고, 동물의 오줌과 똥을 청소하다 보니, 더러워진 옷들이 빨래 바구니에 쌓이는 편이었다.

 더 이상 입을 옷이 없는 것을 확인하고, 미뤄둔 빨래와 함께 집 안 청소를 시작했다. 환기를 위해 가장 먼저 창문을 열었는데 오늘따라 소쩍새 소리가 밖에서 들려왔다. 원래는 텐션을 끌어올리기 위해 신나는 노래를 듣는 편이었지만, 오랜만에 들리는 소쩍새 울음소리가 정겨워 이번에는 그 소리를 배경음악 삼았다. 역시 야생동물은 언제 어디서나 만날 수 있는, 항상 우리 곁에 있는 존재다.

 퇴근을 늦게 하다 보니, 어두운 길에서 다양한 야생동물을 마주하게 된다. 사실 어두워서 잘 보이지는 않지만, 울음소리를 따라가다 보면 수리부엉이 같은 대형 조류는 쉽게 눈으로 찾아볼 수 있다. 소리로만 동물을 찾으려니 감질났다. 그래서 쉬는 날, 같이 일하는 동료와 함께 탐조를 떠나기로 약속했다. 급하게 잡은 약속에 멀리는 못 가고, 근처 저수지에 가서 물새를 보기로 했다.

 운 좋게 가창오리 무리가 왔다는 소식에 근처 저수지로 향했다. 해가 저무는 시간에 가창오리 무리가 날아가는 모습은 그야말로 장관이다. 오랜만에 탐조하러 가는 거라서 동료와 점심을 먹은 뒤, 해가 지기 전까지 저수지 주변을 둘러보기로 했다.

 저수지 근처에는 물닭이 있었다. 물닭 무리가 물에서 나와 잔디 위를 거닐고 있는 모습을 보니 센터에 계류하고 있는 다친 물닭이 생각났다. 괜스레 마음이 아파 물닭을 뒤로하고 다른 동물이 있나 주변을 더 살펴봤다. 주변 나무에는 참새가 열려 있었다. 굉장히 많은 참새가 마치 열매처럼 나무에 주렁주렁 매달려 있는데, 그 모습이 너무나 귀여웠다. 그런데 갑자기 참새 무리가 날아가 버렸다. 반대편에서 하하 호호 웃으며 오고 있는 사람들 때문인가 보다.

갑자기 볼거리를 뺏긴 나는 저 멀리 하늘을 올려다보았다. 혹시라도 보기 어려운 맹금류가 상공을 날고 있지는 않을까? 하는 생각에 하늘을 바라봤지만, 욕심이 과했는지 맹금류는 만날 수 없었다. 신기하게도 보기 어려운 야생동물은 이렇게 욕심이 과할 때는 절대로 모습을 보여주지 않는다. 오히려 욕심 없는 초심자와 함께 가거나 방심하고 있을 때 갑작스럽게 나타나 우리를 놀라게 해준다. 이런 걸 보면 야생동물도 다 알고 우리 앞에 나타나는 것 같다.

어느덧 시간이 지나 해가 점점 지고 있었다. 가

창오리들이 비행을 시작할 순간이 다가오고 있었다. 빨리 자리를 잡고 가창오리 무리가 비행하는 군무를 봐야 하는데, 여기가 가창오리 군무 명소로 그새 소문이 났는지, 명당에 사람들이 바글바글했다. 청개구리 심보가 도져 미리 봐놨던 사람이 없는 장소로 이동했다. 저수지에는 수많은 가창오리 말고도 기러기와 오리류가 가득했다.

 땅바닥에 털썩 앉은 채로 도감을 펼쳤다. 가창오리의 비행을 기다리며 도감을 살폈다. 내가 보고 있는 오리와 대조해보며 나름의 공부를 했다. 가창오리 무리가 들썩이기 시작했다. 이제 비행을 하려는 모양이었다. 보던 도감을 접고 자리에서 일어나 저수지 가까이 갔다. 거리가 멀긴 하지만 최대한 가까운 곳에서 가창오리 군무를 보고 싶었다. 운이 좋으면 가창오리 무리가 내 머리 위로 지나가는 행운을 맞이할 수도 있었다. 내심 속으로는 '제발 내 쪽으로 왔으면…' 하고 수백 번을 기도했다.

 하지만 행운의 여신도 무심하시지, 결국 가창오

리는 내가 있는 곳의 반대편으로 비행을 시작했다. 처음에는 낮게 비행하던 무리가 점점 하늘 위로 날아올랐다. 수백, 수천, 수만 마리의 가창오리가 한 번에 비행하는 군무를 눈으로 보니 다큐멘터리 속에 들어온 기분이었다. 마치 노을에 검은색 파도가 치는 것 같았다. 수많은 가창오리가 날갯짓을 하니, 생전 듣지 못했던 소리도 났다. 가창오리가 주는 시각과 청각의 자극은 내 마음도 몽글하게 만들었다. 주황빛 하늘에 검은색 파도를 보며 괜히 적적해지는 순간, 파도의 방향이 전선이 있는 농경지 쪽으로 향했다. 갑자기 감동보다는 걱정이 앞섰다.

"제발 전선에 충돌하지 말아줘, 얘들아…."

또다시 출근

 큰일 났다. 잠이 오지 않는다. 분명히 피곤한데 잠이 오지 않으니 답답해 이불 속에서 뒤척이며 소리 없는 짜증을 한껏 부린다. 물론 짜증 낸다고 달래주는 이도 없지만. 오늘 일하면서 '와, 오늘 너무 피곤해서 집 가면 바로 자겠다.'라고 생각했는데, 이상하게 집에만 오면 눈이 말똥해진다. 잠이 오지 않으니 저절로 핸드폰에 손이 간다.

 악순환인 것을 알지만 잠이 오지 않는 고요한 새벽을 버티려면 핸드폰만 한 것이 없다. 재밌는 예능 영상이나, 드라마를 봐도 집중이 되지 않아 다시 핸드폰을 내려놓고 눈을 감아본다. 역시나 정신은 깨어 있다. 명상을 하면 잠이 올 것 같아 '10분 안에 잠드는 수면 영상'을 틀어본다. 나른한 배경 음악을 바탕으로 호흡에 집중하며 눈을 감았지만, 영상이 끝날 때까지도 잠이 오지 않았다.

온갖 방법을 써도 잠이 오지 않아 다시 핸드폰을 들어 메모장을 켰다. 내 메모장에는 정체불명의 숫자들이 가득하다. 일하면서 쟀던 동물의 체중을 까먹지 않으려고 적어놓았던 숫자들이다. 지워야 하는데. 핸드폰 용량을 차지하고 있다는 사실도 알고 있는데. 귀찮은 숫자들을 내버려두고, 다시 새로운 메모장을 열었다.

생각을 멈추지 못해 이렇게 피곤한데도 잠이 오지 않는 것 같다. 지금 당장 해결할 수 없는, 딱히 지금 고민하지 않아도 되는, 사소하면서 깊은 무수한 걱정이 멈추지 않는다. 앞으로 나이를 먹어서도 이 일을 지속할 수 있을지 고민하게 되는 체력 문제, 퇴근하기 위해 업무를 미룬 것에 대한 후회, 내일 해야 하는 일의 목록, 갑자기 생각난 좋은 야생동물구조센터 홍보 기획 등 머리만 대면 잡다한 생각이 나를 지배한다.

새로 열어 놓은 메모장에 이런 고민과 생각을 하나씩 써 내려가면서 머릿속을 정리해본다. 그러다 보면 새벽 4시가 넘어, 물리적으로 몸이 버틸 수 없는 지경에 이르러서야, 언제 핸드폰을 내려놓았는지도 모르게 잠에 빠졌다.

일하면서는 퇴근하고 싶다는 생각을 시간마다 하는 것 같다. 그때는 너무나 피곤해서 자고 싶다는 생각밖에는 없었는데, 막상 퇴근하면 피곤한 건 똑같지만 잠은 오지 않는다. 내일도 바로 출근해야 하니 나한테 남은, 나에게 쏠 시간이 너무 소중해서 잠으로 허비하지 못하는 것 같다. 다음 날 출근해서 버틸 수 있으려면 적어도 12시에는 누워야 한다. 퇴근은 여덟 시에 했으니, 남은 시간은 네 시간. 하지만 퇴근하고 씻어야 되니 내가 나한테 온전할 수 있는 시간은 세 시간 남짓이다. SNS가 발달한 세상에서 유행에 뒤처지지 않으려면 최신 트렌드를

꾸준히 섭렵해야 한다.

  요즘 유행하는 드라마, 영화, 각종 밈을 다 보려면 세 시간도 모자라기에 마음이 조급하다. 최대한 시간이 허용하는 선에서 유행을 따라가려고 하다 보니 너무 벅차다. 그렇다고 유행 따라가는 것을 소홀히 하기에는 이게 너무 즐겁다. 세 시간 동안 가장 효율적으로 도파민을 맛봐야 그나마 이런 소소한 행복으로 스트레스를 해소할 수 있다. 하지만 도파민이라는 게 한번 시작하면 끝내기가 매우 어렵다.

  도파민 중독으로 결국 12시에 잠들지 못해 나의 업보가 점점 쌓이기 시작한다. 다음 날의 내가 피곤해서 죽겠다는 외침을 오늘의 나는 듣지 못하는 것이 참으로 안타깝다.

  배터리도 수명이 있고, 사람도 수명이 있다. 배터리는 콘센트에 선을 연결하면 충전되지만, 사람은 잠을 자면서 피로를 풀어야 충전된다. 더불어 배터리는 짧은 시간에 100% 충전이 가능하지만, 사람을 완벽하게 충전하려면 많은 시간이 소요된다.

그렇게 도파민에 중독되어 자꾸만 스스로 충전하지 못하는 나는 결국 시기를 놓쳐가며 0%에 가까워지고 있다는 느낌이 든다. 그러다 보니 날마다 피곤하고 하루가 너무 가늘고 길게 느껴진다. "모든 직장인이 이렇게 살아가고 있는 거겠지? 나만 이렇게 피곤하지 않을 거야." 스스로 위안 삼아보지만, 오히려 모두가 이런 힘든 삶을 살아가고 있다는 생각에 세상이 너무 삭막하게 느껴지며 우울의 늪에 빠져버린다. "어떻게 부모님은 매일 이렇게 사셨을까?" 이런 생각까지 들면서 갑자기 저 깊은 곳에서 느닷없이 불쑥 효심이 튀어나오기도 한다.

사실 나도 내가 스스로 힘들게 몰아붙였다는 것을 안다. 피곤하지 않으려면 그냥 빨리 잠들면 된다. 하지만 사람이라는 것이 배터리가 아니지 않나. 그냥 미련 없이 선 꽂고 충전하는 것이 쉽지 않다. 그렇게 내일의 고통을 미뤄둔 채 오늘의 행복을 채우기에 급급한 나는 또 새벽에 잠들어버렸다.

알람 소리에 무거운 눈을 뜨는데, 정말 끔찍하다. 퇴근한 지 얼마 되지 않은 것 같은데 벌써 출근이라니, 이건 사실이 아닐 거야. 이게 사실일 리 없어!

6. 그럼에도 불구하고

그럼에도 불구하고, 할 수 있는 일이 뭘까?

개발된 사회에서 야생동물은 이미 서식지를 잃었다. 인간이 자연스럽게 우리의 공간을 만들 때, 야생동물은 그들의 잠자리와 놀 곳을 빼앗긴 것이다. 자연은 야생동물이 아닌 인간의 입장에서, 사람의 편의를 위해 너무 많이 바뀌어버렸다.

이런 상황에서 수많은 야생동물이 다치고, 야생동물구조센터에 다친 야생동물이 구조되는 상황이 매년 증가하고 있다. 그럼에도 불구하고 우리가 할 수 있는 일은 무엇일까?

가장 쉬운 점은 야생동물에 대해서 알아보는 것

이다. 우리 주변에 나와 같은 공간을 사용하는 야생동물이 뭐가 있는지, 그런 야생동물이 어디서 살아가고, 어떻게 살아가는지 차근차근 알아보는 것이다. 야생동물이 무엇인지, 어떻게 살아가는지 모르면 할 수 있는 것이 아무것도 없다. 우선은 이 친구들에 대해 알아가는 것이 가장 중요하다.

그렇게 알아가다 보면 자연스럽게 야생동물에 대해, 야생동물의 입장에서 바라보는 순간이 오게 된다. 나처럼 말이다. 그럼 당연히 이 친구들의 삶이 단순히 야생에서 살아가기 때문에 척박한 것이 아니라, 우리가 야생을 망가트려서 척박해졌다는 점을 직접 마주하게 될 것이다. 알지 않으면 볼 수가 없다. 저기 저 도로 위에 있는 것이 버려진 쓰레기인지, 로드킬 당한 야생동물 사체인지, 유리창에 묻은 하얀 분진이 유리창을 닦지 않아 생긴 것인지, 야생동물이 유리창에 충돌한 흔적인지, 내가 버린 쓰레기가 야생동물에게 어떻게 피해를 입히는지, 내가 무심코 저지른 행동에 야생동물이 어떤 영향을 받는지는 다 알아야만 보인다. 그러면 그때부터가 시작이다. 시작이 반이라는 말이 있듯 야생동물을 알게 된 순간, 벌써 반이나 온 것이다.

야생동물을 알아가다 보면 실제로 우리가 할 수 있는 작지만 도움 되는 일을 자연스레 알게 될 것이다. 야생동물에게 위협이 되는 도로 위에서 안전 운전, 방어 운전을 하면 야생동물 차량 충돌 사고를 줄일 수 있다거나, 유리창에 5x10 간격으로 장애물이 있다는 것을 점으로 표시해두면 조류가 충돌하지 않을 수 있다는 것을 알게 되거나, 내가 가진 취미 생활이 얼마나 환경을 파괴하며, 그로 인해 야생동물이 얼마나 피해를 입는지, 어떤 식으로 야생동물에게 피해를 입히지 않게끔 올바른 취미 생활을 이어갈 수 있을지 알 수 있게 될 것이다.

이제 우리가 몰랐던 야생동물의 이면을 알아가며 야생동물이 처한 위협에 대해 하나씩 관심을 가지고, 나와 같이 야생동물이 더 이상 이런 고통 속에서 살지 않기 위해서 어떻게 해야 할지 고민하면 된다. 자신이 생각하지 못했던 야생동물의 고통스러운 모습을 보면서 불편함을 느끼는 사람도 있다. 아무런 생각 없이 했던 행동이 야생동물에게 피해를 입히거나, 가볍게 생각했던 생명이 고통받는 모습을 보게 되면 불편함을 느끼는 것이다.

그 불편함을 인지하고 감내하여 야생동물과 함께 살아가는 세상을 만들기 위해 노력하는 사람과, 도리어 불편함을 없애기 위해 외면하는 사람으로 나뉜다. 나는 많은 사람들이 불편해도 전자의 모습으로 행동했으면 한다. 이미 알아버리고도 외면하는 것은 너무나 잔인한 일이지 않은가.

야생동물의 위치는 약자의 위치에 속해 있으며 이런 약자의 편의와 복지를 위한 목소리를 내는 것이 우리가 할 수 있는 최고의 일이다. 개인의 목소리가 힘이 없을 것으로 생각하면 큰 오산이다. 개인이 모이면 우리가 되고 우리의 목소리는 꽤나 힘이 있다. 우리의 목소리로 인해 나라가 바뀌는 모습을 다들 보지 않았는가.

물론 바뀌는 과정이 느리기에 현실적이지 못하

다고 생각하는 사람들도 있겠지만, 나는 분명히 우리가 나라를, 세상을 바꾼다고 믿고 있다. 생각해 보면 우리의 세상은 이렇게 느리지만 천천히 바뀌어 왔기에, 야생동물을 위해 목소리를 높이는 것만으로 충분히 강하다고 생각한다. 쉽지만 어려운 야생동물에 관한 관심 갖기. 그것이 바로 우리가 할 수 있는 첫 번째 발걸음이다.

그럼에도 불구하고, 하지 못하는 일도 있어요

골프장, 스키장, 공항을 만들기 위해, 우리의 편의와 즐거움을 충족하기 위해 무분별하게 산림을 파괴한 탓에 야생동물의 살 곳이 점점 줄어들고 있다. 편의를 늘리면 야생동물이 살아가는 서식지가 줄어들어 점점 우리나라 야생동물이 설 곳이 없어진다. 더불어 불의의 사고로 바다에 기름이 유출되면 갑작스럽게 야생동물에게 큰 피해가 일어나 개인이 해결하기 어렵고, 정부나 국제기구의 협력이 필요하다. 또한 야생동물 밀렵과 불법 거래는 개인의 힘으로는 바로잡기 어려운 범죄 행위로 법 집행 기관과 국제 사회의 대응이 필요하다.

개인이 할 수 있는 일도 분명히 있지만, 동시에 전체 생태계와 환경 문제, 대규모 불법 행위 등은 개인의 노력만으로는 해결하기 어려운 영역이다.

이런 상황 속에서 노력만으로 해결하기 어려운 문제가 더 남아 있다. 바로 위의 경우처럼 인위적으로 벌어진 문제 속에서 야생동물의 목숨이 사라져갈 때이다. 야생동물구조센터에 있다 보면 이러한 피해를 입은 동물이 수없이 오가는 것을 목격한다. 수많은 동물이 오간다.

차량 충돌로 다리가 부러진 고라니, 사람의 손에 길러져 사람에게 각인된 새끼 너구리, 유리창에 충돌해서 눈을 다친 솔부엉이, 전선에 충돌해 날개가 부러진 왜가리, 불법 엽구로 인해 창애라는 덫에 다리가 걸린 삵, 사람의 욕심으로 사육되었다가 유기된 외래야생동물, 유기된 고양이와 개에게 공격당한 멧비둘기와 고라니, 바다에 유출된 기름으로 온몸의 깃털이 오염된 큰회색머리아비, 골프장 내에 고립된 수리부엉이, 하천 개발 사업으로 인해

서식지와 어미를 잃어버린 새끼 수달, 사람이 쏜 총에 맞은 흰꼬리수리. 다양한 이유로 구조되지만, 하나같이 사람 때문에 다쳐 구조된다. 이런 친구들이 운 좋게 빨리 구조되면 살아서 자연으로 돌아가지만, 이 중 약 3분의 1은 자연으로 돌아가지 못하고 눈을 감는다. 죽은 생명을 살리는 일은 우리도 막을 수 없고, 신이 와도 해결할 수 없다.

응급 부상 야생동물은 사실 야생동물구조센터에 와도 해줄 수 있는 것이 거의 없다. 유리창에 너무 세게 충돌한 채 야생동물구조센터로 이송된 멧비둘기의 경우도 그러했다.

주로 멧비둘기가 구조되면 대부분 소낭에 먹이가 가득 차 있는 경우가 많다. 이번에 구조된 멧비둘기도 소낭이 가득 찬 상태로 구조센터에 이송되었다. 유리창에 충돌한 충격이 너무 컸는지 원래는 이송 상자를 열자마자 날갯짓을 퍼덕이며 난리를 쳐야 하는 멧비둘기가 사람의 손길에도 가만히 있었다. 가득 찬 소낭을 만지자 심하게 개구호흡을 하며 힘든 숨을 이어갔다. 하얀색 면봉으로 구강을 훑자 피가 묻어 빨갛게 물들었다. 가득 찬 소낭, 가쁜 호흡으로 인해 어디가 다치거나 부러졌는지 확인할 수조차 없었다.

보통 야생동물이 야생동물구조센터로 이송되면 육안으로 어디가 다치거나 이상이 있는지 확인하고, 상태에 따라 마취를 해서 방사선을 찍고 면밀하게 야생동물의 상태를 확인한다. 하지만 멧비둘기와 같이 상태가 심각한 개체에게는 이 모든 것을 행할 수가 없다. 더 자극하다간, 우리가 생각했던 것보다 더 빨리 숨이 멎을 수도, 고개를 떨구어버릴 수도 있기 때문이다.

그렇기에 멧비둘기에게는 호흡을 편하게 하는 산소방을 제공해주는 것 말고는 해줄 수 있는 것이 없었다. 그렇게 멧비둘기를 지켜보는데, 갑작스럽게 멧비둘기의 부리가 크게 벌어지는 것을 보았다. 정말 죽음에 다가가고 있다는 신호였다. 산소방에서 멧비둘기를 꺼내 진료대에 데려가고, 산소마스크를 씌워 바로 심폐소생술에 들어갔다. 한 번, 두

번, 세 번……. 수의사 선생님과 합을 맞춰 멧비둘기의 심폐소생술을 진행했지만, 더 이상 청진기에서 멧비둘기의 심장 소리가 들리지 않았다.

수의사 선생님의 입이 떨어지길 기다리면서 청진하는 것을 숨죽여 지켜봤지만, 결국 듣고 싶지 않은 말을 들었다. 하늘도 무심하시지. 개인적으로 신을 믿지 않지만, 일하면서는 여기저기 온갖 신을 부르면서 일한다. 누구라도, 그중 한 분이라도 내가 말하는 걸 들어주길 바라기에. 살려주길 바라기에.

죽은 생명을 다시 살리는 것은 어느 소설이나 영화에서 나올 법한 허무맹랑한 이야기이다. 그렇기에 막지 못할 일이 벌어지기 전에 최대한 우리가 할 수 있는 일을 하면서 미리 예방하는 수밖에 없다. 그 방법이 바로 야생동물을 위해 우리의 목소리를 끊임없이 내는 것이다.

물론 개인이 노력하는 것에는 한계가 있다. 우리의 목소리가 위에 닿기까지 오랜 시간이 걸린다는 것이다. 실질적으로 빠르게 야생동물이 다치지 않는 환경을 조성하기 위해서는 국가 차원에서 나서야 한다. 나라를 움직이려면 우리가 포기해서는 안 된다. 우리가 목소리를 내야 야생동물이 이렇게 위험에 처해 있다는 사실을 알아주기 때문이다.

그럼에도 불구하고, 너무 좋아

눈앞에서 동물의 죽음을 보는 것이 너무 힘들고, 최대한 더 살려보겠다고 일하는 것도 정신적, 체력적으로 너무 힘든 것이 사실이다. 사람들에게 관심받지 못하는 야생동물이기에 야생동물 보호에 대해 소수의 사람만 목소리를 높이는 것도 힘이 빠질 때가 있다. 하지만 야생동물재활관리사로 일하면서 힘든 만큼 행복하거나 재밌을 때도 많다.

야생동물구조센터에는 다양한 계류장이 있다. 상태가 매우 안 좋은 동물이 계류하는 ICU부터, 실내계류장, 야외계류장, 운동장, 물새장 등 종에 따라, 개체의 상태에 따라 알맞게 사용할 수 있다. 계류장이 많기에 매번 돌아다니면서 일일이 다 확인하기는 어렵다. 심지어 사무실에서 거리가 먼 계류장은 한 번 살피러 갔다 오면 진이 빠진다.

이를 보완하기 위해 거리가 먼 계류장에는 CCTV가 설치되어 있다. CCTV의 용도는 동물이 잘 지내는지를 보기 위함이다. 동물이 그새 포대를 풀어버리지 않았는지, 계류장에 미처 보지 못했던 위험요소가 있는지, 합사한 동물들이 서로 잘 지내는지, 먹이를 먹지 않던 동물이 먹이를 스스로 먹는지 등 CCTV를 통해 사무실에서 많은 것을 확인할 수 있다. CCTV의 좋은 점은 이것뿐만이 아니다.

"대박."

나지막한 감탄이 사무실 내에 울렸다. 궁금함을 참지 못하고 의자를 끌어서 CCTV 앞으로 갔다. 감탄이 나올 만했다. 합사한 너구리들이 사이가 너무 좋은 나머지 서로의 배를 베고 누워서 자고 있었다.

　진료 볼 때 마취해야 하는 너구리가 있다. 그때마다 진료 보정을 하면서 사실 사심을 조금 채우기도 했다. 너구리의 뒷발을 슬쩍 만진다거나, 개선충으로 인해 털이 다 빠진 너구리의 피부를 쓸면서 털이 얼마나 났는지 확인하는 척 아무나 느끼지 못하는 너구리의 쫀득한 살의 촉감을 느꼈다.

　너구리의 배가 얼마나 쫀득하고 폭신한지 알고 있다 보니, 서로의 배를 베고 누워 있는 너구리가 부러우면서 너무 귀여웠다. 하지만 센터에서는 귀엽다는 말이 금기어다. 특히나 어린 동물이 많이 구조되는 번식기에 잘못 귀엽다고 했다가는 주변에 있는 선생님들에게 몰매를 맞을 정도다.

　"그렇게 귀여우면 네가 데려가, 집에서 한번 혼자 돌봐봐."

　귀엽다고 한마디 하면, 저렇게 싸늘한 말이 뒤에서 들린다. 귀엽다는 말로 인해 우리의 행동에도 애정이 담겨버리고 그렇게 어린 동물이 사람에게 각인되어 자연으로 돌아가지 못하게 될 수도 있기 때문이다.

더군다나 재활관리사인 내가 야생동물을 보고 귀엽다고 하고 있으면 같이 일하는 자원활동가도 야생동물을 귀여워하는 것을 당연하다고 느껴버린다. 이번에도 사이좋은 너구리들이 너무 귀여웠지만, 속으로 꾹 참고 핸드폰을 들어 말없이 사진을 여러 장 찍었다. 사진을 찍으면서 절로 입가에 미소가 지어졌다. 이게 직원 복지지.

일하면서 행복한 점은 이런 사소한 일 말고도 많다. 검은머리물떼새가 센터에 구조되었을 때다. 그때는 필드에서 검은머리물떼새를 본 적이 없었고, 도감으로 부리에 당근을 갖고 있다는 것만 알고 있었다. 뉴질랜드에서 알을 품고 있던 Variable oysterchatcher는 본 적 있었는데, 그때 기억이 생생해서인지 우리나라에서 볼 수 있는 검은머리물떼새인 Eurasian oystercatcher를 실제로 보니 감회가 새로웠다.

센터에서도 거의 구조되지 않았던 종이기에, 그날 검은머리물떼새가 구조되자 직원들 모두 검은머리물떼새 주변을 알게 모르게 맴돌았던 기억이 있다. 다들 '검은머리물떼새가 여길 왜…'라는 생각이었을 거다. 검은머리물떼새는 부적절한 사육으로 인해 부리와 발톱이 망가진 상태였고, 오랫동안 좁은 곳에 갇혀 살다 왔기에 비행을 아예 하지 못했다.

그렇게 검은머리물떼새를 자연으로 돌려보내기 위해 반년을 노력했다. 망가진 부리와 발톱을 복원하기 위해 주기적으로 coping을 진행했고, Oystercatcher라는 영명을 갖고 있는 검은머리물떼새이기에 스스로 먹이를 먹도록 유도하려고 구하기 어려운 어패류도 주면서 스스로 밥을 먹는 날만 손꼽아 기다렸다.

비행은 얼마나 못했는지, 오랫동안 날개를 거의 사용하지 않았기에 흉근이 거의 다 빠져서 매번 비행 훈련을 하면서 흉근 발달에 심혈을 기울였다.

야생동물구조센터에 한 개체가 장기간 머무는 경우는 드물다. 깃 손상이 심해서 깃갈이를 기다려야 한다거나, 털이 다 빠져서 새로 자라나길 기다린다거나 여름 철새, 겨울 철새의 치료 시기가 철새 이동 시기보다 늦어지는 경우가 아니면 이렇게 오랜 기간 한 개체를 돌보는 경우가 드물기에 정이 더 많이 갔다.

검은머리물떼새의 방생이 다가왔을 때는 자원해서 검은머리물떼새를 방생하러 갔다. 이송 상자를 열어 검은머리물떼새를 자연으로 돌려보내 줬는데, 인위적인 계류장에서의 모습이 아닌 갯벌 위 검은머리물떼새의 모습을 보니, 소화제를 먹은 것처럼 속이 너무 후련해졌다.

일하면서 분명히 힘든 일투성이인 것은 맞다. 그럼에도 불구하고 동물을 너무 좋아하는 천성을 가졌기에, 계속 야생동물재활관리사로 일하고 있다. 그렇게 야생동물이 살기 좋은 세상을 만들기 위해 또 일을 벌이고 있는 나를 발견하고 후회하길 반복한다.

ⓒ충남야생동물구조센터

그럼에도 불구하고, 포기하고 싶어

2024년에는 구조 동물 수가 역대 최고로 많았다. 일하면서 진짜 포기하고 싶을 때가 많았는데, 2024년이 지나고 보니 그럴 만했던 수치였다. 많은 동물이 오고 가다 보니, 청소해야 하는 곳도 많았고, 빨래도 많이 나온 탓에 세탁기도 여러 번 고장이 나 버리기도 했다. 다 같이 힘들게 일하는데 유독 나만 힘들게 일하는 느낌이 든 적 있을 정도로 마음도 많이 망가졌다.

  일이 힘들어 몸과 마음이 지치니 속이 좁아질 수밖에 없었다. 항상 예민한 상태였으니, 고운 말도 곱게 들리지 않았고, 나오는 말은 날카롭기 그지없었다. 사소한 행동에도 불만이 쌓이고, 쉽게 넘어갈 수 있는 일도 이야기하지 않으면 그냥 넘어갈 수가 없었다.

 이렇게 몸이 힘들고 정신이 힘들다 보면, 나 자신을 합리화하고, 남을 의심하기 시작한다. 지금 너구리가 사용하는 계류장 정도면 내일 청소해도 괜찮지 않을까? 까치한테 물 주는 일보다 지금 다른 일이 더 급해. 구조가 너무 밀려 있는데, 지금 정한 구조 루트가 최소 거리가 맞아? 옛날 같았으면 후딱 끝내버리고 말 일을 질질 끌며 꾀를 부리게 되었다. 이렇게 하루에도 수백 번 편안한 내 삶과 야생동물의 안위를 저울질했다.
 그러다 보면 결국 못난 스스로를 마주하고 자괴감에 빠져 허우적거렸다. 내 몸이 불편하면 동물에게 편안함을 제공할 수 있는데, 너무 힘드니까 스스로 합리화하고 어느 정도 선에서 타협하는 나를 보고 굉장히 많이 놀랐다. 내가 할 수 있는 최선을 다해 일했는데, 일은 끝나는 법이 없고, 일손이 부족해 돌봄의 순위가 밀리는 동물에게 너무나도 미안했다.

"내년에는 인력이 한 명은 추가될 수 있겠죠?"
"모르죠, 내년도 예산이 얼마나 증액될지…."
"제발 내년에 예산이 늘어서 사람을 더 고용했으면 좋겠네요…."

동물 구조 수가 증가한 만큼, 동물에게 사용되는 먹이도 증가하고, 사용되는 물품도 증가하고, 심지어 물가도 올랐으니, 당연한 것은 없지만그래도 당연히 내년에는 예산이 늘어서 숨통이 트일 줄 알았다. 아니, 제발 숨통이 트이길 고대했다.

기대를 하면 실망도 큰 법이라고 2025년 예산은 증가하지 않았고, 우리는 똑같은 예산 속에서 같은 상황을 또 겪어야 했다. 같은 상황이 아닐 수도 있다. 어쩌면 더 악화된 상황이 될 수도 있겠다. 물가는 매년 오르기에.

더 좋은 사료, 더 좋은 먹이를 먹이고 싶어도 먹

일 수가 없다. 더 좋은 계류장 환경을 조성해주고 싶어도 인력이 부족해 환경을 좋게 만들어주는 데 시간이 너무 오래 걸린다. 어쩌다 계류장에 흙을 교체하려고 해도 일반적인 업무 시간에는 도저히 짬이 나지 않아 휴일에 모여서 초과근무로 계류장에 흙을 퍼다 나른다. 답답한 이 상황에서 벗어나고 싶었던 나는 오랜 고민 끝에 옆에 있는 다른 직원에게 조언을 구했다.

"선생님은 이 일을 어떻게 계속하는 거예요?"
"그냥 생각 없이 일하고 있어요."

말만 들으면 성의 없이 들릴 수 있는 대답이지만, 선생님의 얼굴에는 미소가 사라지지 않았다. 그 미소에는 악의가 하나도 없었다. "생각 없이"라는 말이 힘든 생각 없이 일한다는 뜻인 것 같다. 그리고 생각 없이 일하는 것만이 정신 건강하게 계속 일할 수 있기에 맞는 말이기도 했다.

생각을 많이 하면 나처럼 혼자서 땅굴을 판다.

벌어지지도 않은 일에 기뻐하다 혼자 실망한다. 스스로를 힘들게 만든다. 근데 이건 사람의 천성 문제인 것 같기도 하다. 생각 없이 일하면 된다는 조언을 구했지만, 나에게는 불가능한 일인 것 같다. 조언을 듣고도 조언에 관한 생각을 끊임없이 했기 때문이다.

뒤돌아서면 다 끝난 줄 알았던 일이 다시 생기고, 그렇게 야근이 지속되고, 인원은 충원되지 않으니 뫼비우스의 띠, 다람쥐 쳇바퀴를 달리는 것 같다. 앞으로 나아가고 싶지만, 나아갈 수 없는 상황에 포기하고 싶을 때가 많다. 사실 포기하고 싶은 생각은 매일 드는 것 같다. 나란 인간 참 나약하기 그지없다.

그럼에도 불구하고, 멈출 수 없어

눈뜨면 다시 일하러 간다. 어제 봤던 동물이 오늘은 괜찮아졌는지, 내가 제공한 먹이를 잘 먹었는지, 오늘은 어느 동물의 방생이 가능한지 알고 싶다. 내가 이들에게 도움이 되었는지, 안 되었다면 어떻게 해야 도움이 될지 알아보고 싶다. 이와 별개로 간혹 일이 너무 힘든 날에는 퇴사 이야기가 오고 가기도 한다.

"퇴직서 양식은 어디서 받아요?"
"그거 저한테 있어요. 퇴직하려면 받아 가세요."
"그럼 지금 바로 보내주세요."

"도의적으로 퇴사하기 3개월 전에 말해주세요."

대화의 주제는 심각하지만, 정작 말하는 사람들은 꺄르르 웃으면서 이런 이야기를 한다. 스트레스를 풀 곳이 마땅치 않으니 서로 이렇게 농담을 하며 스트레스를 해소한다. 말은 이렇게 하지만, 정작 일하는 모습을 보면 동물에 대한 열정이 지나칠 정도로 가득하다. 그 속에서 힘들게 버티고 있다 보면 문득 이런 생각이 든다.

"그래, 내가 이런 열정에 반해서 야생동물재활관리사가 되었지…."

동물에 관해 끊임없이 탐구하며 동물에게 할 수 있는 최선을 모색하는 동료들과의 토론은 언제 어디서든 일어난다. 이렇게 의견을 나누다 보면 내가 가진 야생동물에 대한 열정이 다시금 샘솟는다. 수의사 선생님은 동물을 치료하고 방법을 모색하느라 모든 직원 중에서 가장 늦게 퇴근하지만, 다음

날 웃으면서 출근한다.

다친 동물을 돌보는 재활관리사 선생님은 구조를 위해 차를 하루에 여섯 시간 운전해도, 옷이 다 똥 범벅이 되어도, 온몸에 구슬땀이 맺혀도, 군말 없이 자신의 위치에서 할 일을 한다. 이런 사람들과 같이 일하기에 힘든 소리를 하기가 부끄럽다. 오히려 더 열심히 하려는 마음만 계속 먹으며 스스로를 채찍질하기에 여념이 없다. 포기하고 싶다가도, 함께 일하며 같이 고생하는 동료들을 바라보면서 마음을 다잡게 된다.

결국 힘들어도 멈출 수 없는 가장 큰 이유는 바로 이 일에, 야생동물에 대한 애정과 열정이 식질 않기 때문이다. 나를 이렇게 힘들게 만드는 야생동물이지만, 나와 같은 인간 때문에 힘들어진 거니 할 말이 없다. 나라도 최선을 다해 야생동물을 돕는 수밖에.

야생동물의 상처가 회복되는 모습, 기력이 하나도 없던 동물이 다음날 나에게 물리적 상처를 줄 만큼 활력을 되찾은 모습, 시간이 지나며 두꺼운 가피가 떨어져 볼 수 있게 되는 동물의 어여쁜 얼굴, 불과 일주일 전만 해도 날지 못했던 새가 어느 순간 내 머리 위로 훨훨 날아가는 모습, 눈도 뜨지 못한 채로 처음 만났던 동물이 눈을 뜨고 나를 열심히 경계하는 모습, 먹이를 스스로 먹지도 못할 만큼 심하게 다쳤던 동물이 며칠이 지나자 먹이를 주면 잽싸게 낚아채 가는 모습, 자연으로 돌아가 자연의 일부가 되어 자연에 동화되는 야생동물의 모습 등 야생동물구조센터에서 만났던 동물들이 나에게 힘이 되어주었다. 동물 덕분에 그나마 빠르게 회복할 수 있었고, 일의 밸런스를 적절하게 맞추는 방법을 배워가고 있다.

 멈출 수 없는 이유 외에도 멈추지 않는 이유가 있다. 내가 여기서 멈추어도 동물은 계속 다칠 것이기 때문이다. 안타깝게도 각박한 현실은 기다려주지 않기에 멍청하게 멈춰 있을 수 없다. 이미 야생동물이 겪고 있는 현실에 대해 알아버렸으니, 나라도 이것을 안 이상 내가 할 수 있는 책임을, 야생동물재활관리사로서의 책임을 다하려고 한다. 그 책임 속에서 기쁨을 느껴버리는 나도 참. 그러니, 그럼에도 불구하고, 멈출 수 없다.

책임지는 기쁨

초판 1쇄 발행   2025년 6월 20일

지은이   김리현
펴낸이   서재필
책임편집   김현서

펴낸곳   마인드빌딩
출판등록   2018년 1월 11일 제395-2018-000009호
이메일   mindbuilders@naver.com

달로와는 마인드빌딩의 문학 브랜드입니다.

979-11-92886-87-9(03810)

- 책값은 뒤표지에 있습니다.
- 잘못된 책은 구입하신 곳에서 바꿔드립니다.
- 달로와에서 투고 원고를 기다리고 있습니다. <기쁨 시리즈>로 출판을 원하시는 분께서는 mindbuilders@naver.com으로 기획 의도와 원고, 간단한 개요를 연락처와 함께 보내주시기를 바랍니다.